骨干院校建设项目成果教材

高尔夫会所服务与管理

王晓俊　主编

人民体育出版社

图书在版编目(CIP)数据

高尔夫会所服务与管理/王晓俊主编. —北京：人民体育出版社，2015
ISBN 978-7-5009-4753-0

Ⅰ.①高… Ⅱ.①王… Ⅲ.①高尔夫球运动–俱乐部–经营管理–高等职业教育–教材 Ⅳ.①G849.36

中国版本图书馆 CIP 数据核字(2014)第 304149 号

*

人民体育出版社出版发行
三河紫恒印装有限公司印刷
新 华 书 店 经 销

*

787×1092　16 开本　15 印张　231 千字
2015 年 8 月第 1 版　　2015 年 8 月第 1 次印刷
印数：1—1,500 册

*

ISBN 978-7-5009-4753-0
定价：35.00 元

社址：北京市东城区体育馆路 8 号（天坛公园东门）
电话：67151482（发行部）　　邮编：100061
传真：67151483　　　　　　　邮购：67118491
网址：www.sportspublish.com

（购买本社图书，如遇有缺损页可与邮购部联系）

辽宁职业学院国家骨干高职院校项目教材建设委员会

主　任　　王丽桥　　张立华

副主任　　潘国才　　苏允平　　左广成　　李卉敏

委　员　　（按姓氏笔画为序）

卜春华	于　伟	马国良	马爱民	井大军
王业刚	王晓俊	王铁成	卢洪军	刘士新
刘志刚	刘晓峰	孙　智	孙佳妮	曲长龙
曲明江	池秋萍	许　静	吴会昌	张　玲
张　博	张义斌	李　刚	李　颖	李凤光
李东波	杨　明	林晓峰	赵学玮	高仁松
高洪一	黄文峰	魏劲男	魏忠发	

本教材编委名单

主　　编　王晓俊（辽宁职业学院）

副 主 编　宋　非（辽宁职业学院）

　　　　　王　昊（辽宁职业学院）

　　　　　魏忠发（辽宁职业学院）

　　　　　梁景春（辽宁职业学院）

　　　　　王印臣（铁岭龙山高尔夫培训俱乐部）

参　　编　

　　　　　陈云筠（辽宁职业学院）

　　　　　高　扬（辽宁职业学院）

　　　　　肖相霍（辽宁职业学院）

　　　　　董德杰（辽宁职业学院）

　　　　　陈云筠（辽宁职业学院）

　　　　　王　琦（辽宁职业学院）

　　　　　刘文星（辽宁职业学院）

　　　　　张红岩（铁岭龙山高尔夫培训俱乐部）

序

在《国务院关于加快发展现代职业教育的决定》（国发［2014］19号）中，提出加快构建现代职业教育体系，随后下发的《国家现代职业教育体系建设规划》（2014—2020年）明确提出建立产业技术进步驱动课程改革机制，按照科技发展水平和职业资格标准设计课程结构和内容，通过用人单位直接参与课程设计、评价和国际先进课程的引进，提高职业教育对技术进步的反应速度，到2020年，基本形成对接紧密、特色鲜明、动态调整的职业教育课程体系；建立真实应用驱动教学改革机制，推动教学内容改革，按照企业真实的技术和装备水平设计理论、技术和实训课程；推动教学流程改革，依据生产服务的真实业务流程设计教学空间和课程模块；推动教学方法改革，通过真实案例、真实项目激发学习者的学习兴趣、探究兴趣和职业兴趣，这为国家骨干高职院校课程建设提供了指针。

辽宁职业学院经过近十年来高职教育改革、建设与发展，特别是近三年国家骨干校建设，创新"校企共育，德技双馨"的人才培养模式，提升了教师教育教学能力，在课程建设尤其是教材建设方面成效显著。学院本着"专业设置与产业需求对接、课程内容与职业标准对接、教学过程与生产过程对接"的原则，以学生职业能力和职业素质培养为主线，以工作过程为导向，以典型工作任务和生产项目为载体，立足岗位工作实际，在认真总结、吸取国内外经验的基础上开发优质核心课程特色系列教材，体现出如下特点：

1. 教材开发多元合作。发挥辽西北职教联盟政、行、企、校、研五方联动优势，聘请联盟内专家、一线技术人员参与，组织学术水平较高、教学经验丰富的教师在广泛调研的基础上共同开发教材。

2. 教材内容先进实用。涵盖各专业最新理念和最新企业案例，融合最新课程建设研究成果，且注重体现课程标准要求，使教材内容在突出培养学生岗位能力方面具有很强的实用性。

3. 教材体例新颖活泼。在版式设计、内容表现等方面，针对高职学生特点做了精心灵活设计，力求激发学生多样化学习兴趣，且本系列教材不仅适用于高职教学，也适用于各类相关专业培训，通用性强。

国家骨干高职院校建设成果——优质核心课程系列特色教材现已全部编印并投入使用，其中凝聚了行企校开发人员的智慧与心血，凝聚了出版界的关心关爱，希望该系列教材的出版能发挥示范引领作用，辐射、带动同类高职院校的课程改革、建设。

由于在有限的时间内处理海量的相关资源，教材开发过程中难免存在不尽如人意之处，真诚希望同行与教材的使用者多提宝贵意见。

2014 年 7 月于辽宁职业学院

前　言

高尔夫会所集休闲、娱乐、健身为一体，不但满足顾客社会地位、高层次休闲娱乐及身心健康的基本需求，同时又为人们提供安全、高雅的环境，开阔视野，增加阅历，给人们以文化、社会等方面的知识。

面对当前高尔夫服务行业越来越激烈的市场竞争，加强高尔夫会所服务管理，加速高尔夫会所服务专业人才培养已经成为亟待解决的问题。为满足日益增长的高尔夫市场需求，为社会培养更多的高尔夫会所服务操作技能型服务管理人才，我们组织多年从事高尔夫会所管理教学的教师和高尔夫会所服务的业务精英共同精心编写了此教材，旨在提高广大学生和高尔夫会所从业者的专业素质，更好地为我国高尔夫事业服务。

本书作为高尔夫专业高等职业教育系列教材之一，严格按照教育部"加强职业教育、突出实践技能培养"的要求，根据职业教育与教学改革的实际需要，结合目前高尔夫会所管理中出现的各种问题，针对高尔夫会所服务的特殊性，谨慎地对教材内容反复论证、精心设计、细心写作。本书的出版将对帮助学生全面掌握高尔夫会所服务操作知识技能，提高综合素质，顺利就业具有特殊意义。

本书为典型的项目任务式工学结合教材，全书共三个单元十五个模块三十五个项目，以学习者应用能力培养为主线，按照高尔夫会所经营服务活动所涉及的范围和操作规程，从高尔夫会所岗位认知、高尔夫会所岗位实践和高尔夫会所岗位提升三大环节入手，为读者展示会所服务工作的具体内容。本书第一单元系统地介绍高尔夫会所的管辖区域和环境布局、高尔夫会所的地位和主要任务、高尔夫俱乐部组织结构、各岗位服务员应具备的素质等会所服务基本知识，并通过强化工作内容提供应用技能。第二、第三单元贯穿"能力目标、知识目标、素质目标、工作引入、任务分析、操作步骤与标准、注意事项、相关知识、经典案例、案例分析、实战演练、作业与思考"主线，重视操作标准、案例分析和实战演练环节。教材内容简单易懂，贴近工作，力争突出教学效果最优化。

本书由辽宁职业学院王晓俊老师担任主编，负责总体设计、内容审核和全书统稿。王晓俊和梁景春老师负责第二单元模块一、模块二、模块六、模块八，以及第三单元模块二、附录的整理等内容的编写；王昊、王琦老师和铁岭龙山高尔夫培训俱乐部前台主管张红岩负责第二单元模块三至模块五、模块九，以及第三单元模块一的编写；宋非老师和魏忠发老师负责前言、第一单元、第二单元中模块七，以及第三单元中模块三的编写；铁岭龙山高尔夫培训俱乐部王印臣董事长及其俱乐部部分员工负责本书整体框架的设计，并提供了丰富的案例素材；高扬、肖相霍、董德杰、陈云筠、刘文星老师负责材料的收集和整理。

在编写过程中，我们参考、借鉴了大量有关高尔夫管理、酒店管理与服务技能培训等方面的最新资料书刊，并得到了高尔夫学院领导、教师，铁岭龙山国际高尔夫俱乐部及江西恒大高尔夫俱乐部的大力支持和帮助，我们对此深表感谢！

《高尔夫会所服务与管理》是辽宁职业学院高尔夫学院教师和铁岭龙山高尔夫俱乐部一线精英共同研究、总结出来的适合高职高专层次高尔夫方向学生的教材。本书可以作为高尔夫高职高专教材，也可以作为有意愿从事高尔夫服务行业的初学者使用。

由于时间仓促，编写水平有限，书中难免存在疏漏和不当之处，恳请专家和广大读者批评指正。

编　者
2014 年 8 月 30 日

目 录

第一单元　高尔夫会所岗位认知 …………………………………… (1)

模块一　会所功能认知 ………………………………………… (2)
项目一　会所的重要地位 ……………………………………… (2)
项目二　会所在高尔夫俱乐部的地位 ………………………… (5)

模块二　会所服务管理组织架构 ……………………………… (8)
项目一　会所服务管理组织架构 ……………………………… (9)
项目二　会所各部门岗位职责 ………………………………… (12)
项目三　会所服务人员行为规范 ……………………………… (24)

模块三　高尔夫会所管理制度 ………………………………… (30)

第二单元　高尔夫会所岗位实践 ……………………………… (37)

模块一　预订服务 ……………………………………………… (38)
项目一　客人预订 ……………………………………………… (38)
项目二　更改预订 ……………………………………………… (52)
项目三　取消预订 ……………………………………………… (56)

模块二　迎宾服务 ……………………………………………… (60)
项目一　接包服务 ……………………………………………… (60)
项目二　迎宾服务 ……………………………………………… (65)

模块三　前台服务 ……………………………………………… (70)
项目一　前台登记 ……………………………………………… (71)
项目二　贵重物品存取服务 …………………………………… (76)
项目三　委托代办服务 ………………………………………… (81)
项目四　结账服务 ……………………………………………… (86)

模块四　专卖店服务 …………………………………（93）
　　项目一　专卖店进货 ………………………………（93）
　　项目二　专卖店服务与销售 ………………………（98）

模块五　更衣室与洗浴中心服务 ……………………（105）

模块六　运作服务 ……………………………………（109）
　　项目一　出发安排 …………………………………（109）
　　项目二　存包服务 …………………………………（114）

模块七　行政事务服务 ………………………………（117）
　　项目一　文案工作 …………………………………（118）
　　项目二　日常工作会议组织 ………………………（127）
　　项目三　办公物品管理 ……………………………（135）

模块八　会员服务 ……………………………………（144）
　　项目一　办理会员卡 ………………………………（144）
　　项目二　管理会籍 …………………………………（150）
　　项目三　会员事务处理 ……………………………（155）

模块九　其他服务 ……………………………………（161）
　　项目一　餐厅服务 …………………………………（161）
　　项目二　客房服务 …………………………………（168）
　　项目三　康体中心服务 ……………………………（173）

第三单元　高尔夫会所岗位提升 ………………………（179）

模块一　前台管理 ……………………………………（180）
　　项目一　新员工培训 ………………………………（180）
　　项目二　员工日常管理 ……………………………（185）
　　项目三　赛事团体接待 ……………………………（189）

模块二　会员管理 ……………………………………（193）
　　项目一　投诉处理 …………………………………（193）
　　项目二　组织会员活动 ……………………………（199）

模块三　会所特殊事件处理 …………………………（202）
　　项目一　跑单事件处理 ……………………………（203）

项目二　客人物品丢失应急处理 …………………………… (207)
　　项目三　餐厅突发事件处理 ………………………………… (213)

附录 ……………………………………………………………………… (219)
　　高尔夫会所服务管理类专业术语 …………………………… (220)

主要参考文献 ………………………………………………………… (223)

主要参考网站 ………………………………………………………… (224)

第一单元
高尔夫会所岗位认知

随着社会的发展、人们生活水平的提高，大家越来越注重自身的生活质量，随之各式各样的会所逐步发展起来。高尔夫会所集休闲、娱乐、健身为一体，不但满足了顾客社会地位、高层次休闲娱乐及身心健康的基本需求，同时又为人们提供了安全、高雅的环境，开阔人们的视野，增加人们的阅历，给人们以文化、社会等方面的知识。面对越来越多的顾客，高尔夫会所需要合理安排员工，为客人提供优质高效的服务。

模块一　会所功能认知

高尔夫会所是高尔夫俱乐部内的多功能建筑，集接待、运营、办公、休息、餐饮、洗浴及住宿于一体，它是执行高尔夫俱乐部经营计划和信息反馈并直接对宾客提供多种服务的区域，是高尔夫俱乐部运营中不可缺少的环节。其主要职能是会员预订、前台接待、信息咨询与消费指引、餐饮住宿服务、球包行李寄存，以及运送、会员事务处理、宾客投诉处理等。

项目一　会所的重要地位

能力目标

1. 能够确定并阐述会所的具体功能。
2. 能够确定会所的职能范围。

知识目标

1. 了解高尔夫会所的含义。
2. 掌握高尔夫会所的功能。

素质目标

明确高尔夫会所职能，强化服务理念。

高尔夫会所是俱乐部的门面，也是核心，所有的客人首先来到的是会所门前，会所的外形给客人留下的第一感觉和第一体验就是所谓的"第一眼印象"。会所内在的所有设施和服务将会影响到客人是否再来打球。一家标准的高尔夫球俱乐部会所一般具备前台、大堂、高尔夫产品专卖店、餐厅、客房、更衣室、浴室、卫生间，高档会所还拥有康体娱乐中心，包括健身房、游泳池、温泉池、台球或保龄球馆、酒吧、高尔夫模拟器房间、VIP专属房间等，为客人打球之后，提供所能享受到的放松、娱乐、饮食、健身等一系列服务。

一、会所的地位

会所在高尔夫俱乐部中的重要地位，主要表现在以下几个方面：

1. 会所是俱乐部业务活动的中心

会所是一个综合性服务场所，服务项目多、服务时间长，俱乐部的任何一位客人，从抵达俱乐部前的预订到前来打球、入住、用餐，直至离场结账，都需要在会所进行相应的工作，会所是客人与俱乐部联系的纽带。

2. 会所是俱乐部形象的代表

会所是高尔夫俱乐部的主要服务场所，任何人一进会所都会对会所的环境艺术、装饰布置、设备设施，以及会所员工的仪容仪表、服务质量、工作效率等产生深刻的"第一印象"。

这种"第一印象"在客人对俱乐部的认知中能够产生非常重要的作用，它产生于瞬间，但却会长时间保留在客人的记忆表象中。客人在俱乐部的整个打球过程中，会所要提供诸如住宿、餐饮、销售等各种相关服务，客人在遇到困难时要到会所找寻帮助，感到不满时也要到会所进行相关的投诉。

会所工作人员的管理水平和服务水平，往往直接反映整个高尔夫俱乐部的管理水平、服务质量和服务风格。会所是俱乐部工作的"窗口"，代表着俱乐部的对外形象。

3. 会所是俱乐部众多关键部门的办公场所

高尔夫会所是集众多关键部门于一体的办公场所。高尔夫俱乐部的行政管理部门、前台、预订部、礼宾处、更衣室与洗浴中心、会员事务部、餐厅、客房、康体中心等多个部门的办公地点都在会所之中，当然并非每个俱乐部会所都会涵盖以上所列各部门，有些俱乐部只是简单建设一个临时会所而已，但其功能不会有所缩减。

二、会所的功能

会所是球场、球会管理的神经中枢，是球场的纽带，在球场总体布局上具有连接其他各区的桥梁和纽带功能。在球场规划设计过程中，一般将会所设置在与其他功能衔接和易于接近的适宜区域，以便方便球场的管理和球手打球。

高尔夫会所是集接待、运营、办公、休息、餐饮、洗浴及住宿于一体的多功能建筑，从整个功能来说是微缩版的星级酒店，是球场运营中不可缺少的环节。其主要任务是会员预订、前台接待、信息咨询与消费指引、球包行李寄存运送、会员事务处理、受理宾客投诉等。

【相关知识】

高尔夫俱乐部（Golf Club）

一个典型的高尔夫俱乐部包括一个18洞球场、一定面积的会所、一定数量的客房、一个网球场、一个游泳池、餐厅和休闲娱乐厅。

12世纪初期，兴起于苏格兰靠近海岸线牧场上，1744年Gentlemen高尔夫球友公司成立，标志高尔夫俱乐部初步成熟。

一个完整的高尔夫俱乐部通常由许多下级部门构成。最常见或典型的构成单位是会员部、草坪部、竞技部、人力资源部、财务部、客房部和后勤部等。

项目二　会所在高尔夫俱乐部的地位

能力目标

1. 能够分辨高尔夫俱乐部类型。
2. 能够根据实际情况选择会所的类型。

知识目标

1. 了解高尔夫俱乐部类型。
2. 掌握不同类型下高尔夫会所的功能。

素质目标

通过了解高尔夫会所，培养主动服务意识。

会所是高尔夫俱乐部对客服务的中心，也是整个高尔夫球场运营的枢纽。它是球场接待、球员办理打球手续，以及打球前后进行娱乐、休闲和社交的场合。会所一般由办公楼、停车场和其他附属设施等组成，其规模一般与球场大小相匹配。会所承担着球场的体育休闲和社会活动，是高尔夫俱乐部会员和球员的家外之家。

一、高尔夫俱乐部类型

目前，关于高尔夫设施的分类方法是基于马宗仁教授在 2008 年提出的自然、地形、地理、距离、设计、性质、地形——植被、十四因子，以及 SSS 分类系统（Standard Scratching Score）和五星十级制分类指标体系等学说。

根据高尔夫俱乐部经营状况，高尔夫俱乐部可分为会员制高尔夫俱乐部（Members Clubs）、商业高尔夫俱乐部（Commercial Clubs）、公众高尔夫俱乐部（Municipal Clubs）。

1. 会员制高尔夫俱乐部（Members Clubs）

这类俱乐部作为私人休闲场所与众多的俱乐部具有相同的功能，即成为会员间交流的平台，不以盈利为目的，只为会员和其所带嘉宾服务，不接受非会员消费。俱乐部的建造成本和相应的运作费用由会员分担，通常由会费和年费两部分组成，由入会费的多少决定会员享有的权益。

2. 商业高尔夫俱乐部（Commercial Clubs）

由公司或个人投资建造，以盈利为目的的高尔夫俱乐部。大多数商业俱乐部都与酒店、房地产公司有关系。这类俱乐部配套设施完备，能够吸引更多的高尔夫爱好者及高尔夫旅游者。

商业高尔夫俱乐部也会出售会籍，但其会员与会员制高尔夫俱乐部的会员享有的待遇不同，商业性俱乐部的果岭费用较高，并随着市场需求的变化而调整。

3. 公众高尔夫俱乐部（Municipal Clubs）

公众高尔夫俱乐部一般由地方政府为方便市民的健身需求投资兴建的，一般利用城市周边的荒地、垃圾填埋地，以及不易耕种的山坡地。由于是政府出资建造，所以俱乐部收费低廉，能够保证球场养护和会所运作即可。

二、会所设置

高尔夫会所的规模是由俱乐部类型决定的，不同性质的俱乐部会有不同的会所与其对应。

会员制高尔夫俱乐部要求会所能够满足其会员的需求，一般会员制高尔夫会所会选择在偏僻安静的环境下，远离城市的喧嚣，会所的功能齐全，能够满足会员放松身心的需求。

商业制高尔夫俱乐部的会所一般具备酒店功能，也有一些俱乐部只是建造一个临时的会所，提供相应的服务及为客人提供休息之所。

公众高尔夫俱乐部一般不会建造会所，即使有也是简易的会所，能够支持客人简单的需求，力求节俭。

【相关知识】

高尔夫设施综合顺序分类法

一、综合顺序分类法分级指标

综合顺序分类法五星十级制分类指标体系主要包括级别和星级两方面内容。

1. 级别

主要指俱乐部配套设施的标准。本系统共分十个级别，具体为球场困难度（SSS）、球场长度、俱乐部总洞数、会所配套、职业球员、管理类型、会员数量、访客接受度、平日访客费、周末访客费。

2. 星级

根据各个高尔夫俱乐部配套设施标准不同累积分情况分为五个星级标准，即1~5星级。

二、综合顺序分类法分级指标标准

综合考虑全世界高尔夫设施的各种状况，通过表1-1列出综合顺序分类法分级指标标准。

表 1-1　综合设施分类法五星十级制分类指标

设施级别 \ 星级	1	2	3	4	5
SSS	<66	66~67	68~69	70~71	72~74
长度（码）	<6000	6000~6400	6401~6800	6901~7000	>7000
会所配套	0	<200	200	500	>1000
洞数	9	18	18	18、27>36	18、27>36
职业球员	0	0	1	5	>5
管理类型	P	P、C	Pr、C	Pr、C	Pr、C
会员数量	<99	100~199	200~299	300~499	>500
访客接受度	100%	70%	30%	10%	0%
平日访客费	399	400~429	430~449	450~500	>600
周末访客费	<799	800~889	900~1000	999~1200	>1200

模块二　会所服务管理组织架构

随着社会的发展，各式各样的俱乐部逐步发展起来，高尔夫俱乐部集休闲、娱乐、健身为一体，在众多俱乐部中脱颖而出，既满足了顾客社会地位、高层次休闲娱乐及身心健康的基本需求，同时又为人们提供了安全、高雅的环境，给人们以文化、社会等方面知识，开阔视野，增加阅历。面对越来越多的顾客，高尔夫俱乐部需要合理安排员工，提供优质高效的服务。因此，高尔夫俱乐部管理成为高尔夫行业的重要组成部分。

项目一 会所服务管理组织架构

能力目标

1. 能够了解高尔夫会所服务管理组织架构。
2. 能够分析高尔夫会所各部门职责。

知识目标

1. 了解高尔夫会所服务管理组织架构。
2. 掌握高尔夫会所部门设置原则。

素质目标

1. 熟悉高尔夫会所服务管理组织架构，提高服务意识。
2. 能够为今后的职业生涯做出合理规划。

我国高尔夫俱乐部在初创时，基本上是照搬国外通行的俱乐部组织架构，以现代公司为蓝本建立起组织架构，并根据实际情况和管理需要分别设置部门，一般是行政办公室、人事部、财务部负责管理公司的内部事物；场务部负责高尔夫球场的维护及养护；运作部、市场部、餐饮部、客务部、前厅部，负责俱乐部客户的接待工作。

高尔夫会所的管理与服务项目的经营，包括会所经营管理概要、专卖店经营、更衣室服务的服务与管理。

一般高尔夫俱乐部都是集团下属项目，附带房地产等项目，根据公司集团性质、地域、球场类型、经营范围等多方面因素影响球场组织架构，主要包括酒店运营、球场运作、财务、安保、人事行政、工程、草坪等几方面。

不同级别高尔夫俱乐部会所的组织架构和岗位设置并不完全相同，甚至有些同一级别高尔夫俱乐部的组织结构和岗位设置也不完全一致，如图1-2所示为典型高尔夫会所接待服务架构。

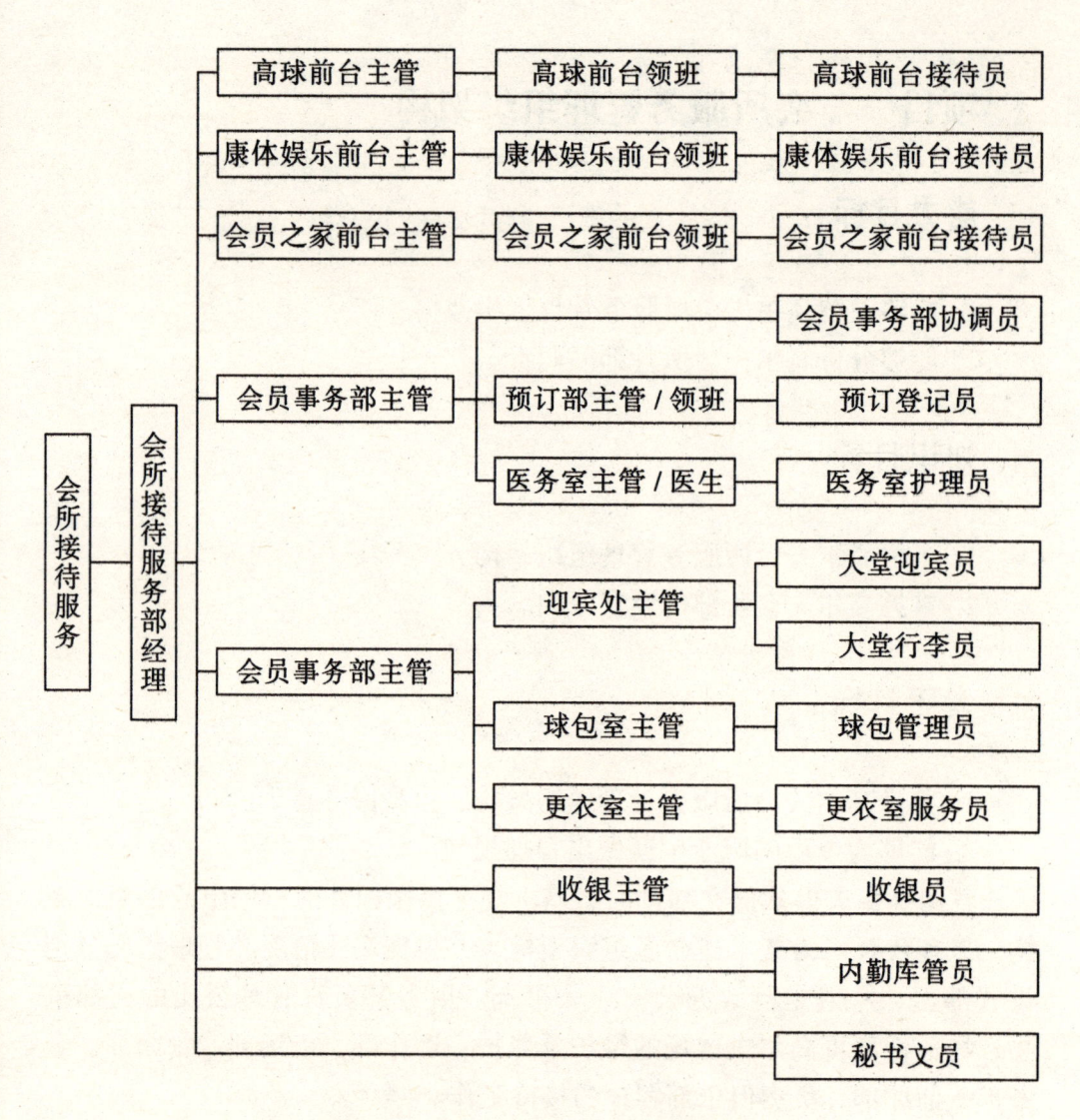

```
                    ┌─ 高球前台主管 ─── 高球前台领班 ─── 高球前台接待员
                    │
                    ├─ 康体娱乐前台主管 ─ 康体娱乐前台领班 ─ 康体娱乐前台接待员
                    │
                    ├─ 会员之家前台主管 ─ 会员之家前台领班 ─ 会员之家前台接待员
                    │
                    │                 ┌─ 会员事务部协调员
                    │                 │
                    ├─ 会员事务部主管 ─┼─ 预订部主管/领班 ─ 预订登记员
会所    会所        │                 │
接待 ── 接待服务 ──┤                 └─ 医务室主管/医生 ─ 医务室护理员
服务    部经理      │
                    │                 ┌─ 迎宾处主管 ─┬─ 大堂迎宾员
                    │                 │              └─ 大堂行李员
                    │                 │
                    ├─ 会员事务部主管 ─┼─ 球包室主管 ─── 球包管理员
                    │                 │
                    │                 └─ 更衣室主管 ─── 更衣室服务员
                    │
                    ├─ 收银主管 ─── 收银员
                    │
                    ├─ 内勤库管员
                    │
                    └─ 秘书文员
```

图1-2 高尔夫会所接待服务架构

由于各高尔夫俱乐部的规模不同，所以会所内的职能部门也不完全相同。会所主要由以下9个部门组成。

1. 行政管理部门

高尔夫行政管理广义上包括行政事务管理、办公事务管理、人力资源管理、财产会计管理四个方面；狭义上指以行政部为主，负责行政事务和办公事务，包括相关制度的制定和执行推动、日常办公事务管理、办公物品管理、文书资料管理、会议管理、涉外事务管理，还涉及出差、财产设备、生活福利、车辆、安全卫生等。工作的最终目的是通过各种规章制度和人为努力使部门之间或者关系企业之间形成密切配合的关系，使整个公司在运作过程中成为一个高速并且稳定运转的整体；用合理的成本换来员工最高的工作积极性，提高工作效率完成公司目标发展任务。

2. 前台

前台可以称为高尔夫俱乐部的第一张脸，它在俱乐部的整个运行链中居于重要地位。前台的工作关系到公司的整体形象和业务开展的质量甚至成败，是一种对信息的接收、归纳分解以至处理的过程。

3. 预订部

预订部由专人负责预订服务。预订形式有电话预订、当面预订、传真预订、书面预订、网络预订等。一些俱乐部将预订工作安排到前台或会员部。

4. 礼宾处

迎宾服务一般包括会所门口的接包服务和会所内设立的迎宾服务。接包员主要负责接准备打球客人的球包、系好球包卡及将球包送至出发站。会所内设立的专门迎宾服务由专职迎宾员负责，主要接待所有来到会所的客人，负责咨询、引导客人，有时需要迎接参加比赛、宴会、会议等宾客，接包员和迎宾员相互合作。有些俱乐部不设立迎宾岗位，由接包员单独负责迎宾服务。

5. 更衣室与洗浴中心

更衣室是客人更换衣物、洗浴以及存放个人物品的场所。更衣室的卫生情况能够反映一个俱乐部的管理程度，更衣柜的存储安全性更是能够影响俱乐部的声誉。

6. 会员事务部

高尔夫俱乐部一般采取会员制，在会员的消费活动中，应能使其感受到家的氛围。顾客如何成为会员、会籍如何管理、如何让会员成为会所稳定的消费群体就需要俱乐部与会员保持经常性的双向沟通，树立"以客户为中心"的服务理念。这种理念已经深入到球会的制度中，通过服务保证会员终生价值的实现。会员服务的目的就是将球会的会员作为最重要的资源，通过完善客户服务和深入分析客户来满足客户的需求。

7. 餐厅

餐厅被称为俱乐部的第 19 洞。客房及康体中心是客人休息及休闲娱乐的场所。这些配套设施的充分利用能够提升俱乐部的档次，为客人提供更加全面的服务。严格的管理能够为俱乐部赢得良好的口碑，是不容忽视的环节。

8. 客房

顾名思义，客房是为客人准备的休息之所。会所会根据客人的不同需求和用途设置不同种类的客房。不同地区、不同级别、不同类型的会所客房分类标准并不统一，有单人间、标准间（双床）、双人间，以及套间客房、公寓式客房、总统套房等。另外，一些会所也会设置特色客房，例如以家庭单位为主，提供大床房和家庭房等。

9. 康体娱乐中心

康体娱乐中心是指通过提供一定的设施、设备和服务，使宾客在参与中得到精神满足的游戏活动。康体娱乐活动具有娱乐性、趣味性和参与性强的特点。高尔夫俱乐部会所的康体娱乐经营通常设置康体保健服务和娱乐享受服务等。

项目二　会所各部门岗位职责

能力目标

1. 能够阐述高尔夫会所各部门岗位职责。
2. 能够阐述高尔夫会所各岗位职责的任职条件。

知识目标

1. 了解高尔夫会所各个岗位的工作职责。
2. 掌握高尔夫会所各岗位应具备的能力和素质。
3. 掌握接待礼仪。

素质目标

1. 通过了解高尔夫俱乐部会所岗位职责，培养主动服务意识。
2. 能够为今后的职业生涯做出合理规划。

会所作为高尔夫俱乐部的主要职能部门，是俱乐部的重要组成部分，本书选择其重点部门的职能岗位进行介绍。

一、会所经理

会所经理的工作职责是执行总经理的工作指示，根据俱乐部下达的各项工作指标，制订和实施本部门相应的工作计划和经营预算，处理本部门的运营事务，确保俱乐部正常运作并为宾客提供优质高效的接待服务。

（一）会所经理职责范围及工作要求

1. 直接对俱乐部总经理负责，贯彻执行总经理下达的经营管理和行政指令，及时完成总公司及俱乐部下达的各项任务，做好俱乐部经营销售活动和经济效益的分析工作。
2. 制定俱乐部工作计划，并指导、落实、检查、协调计划的执行。
3. 组织主持会议，听取汇报，下达工作任务，解决工作难题。
4. 处理与俱乐部各部门的沟通，保持良好的合作关系，确保俱乐部服务的一致性。
5. 负责编制俱乐部年度预算。
6. 管理俱乐部各分部门人员，做好人力资源规划，负责制定相应的管理制度和工作程序，贯彻落实俱乐部各类规章制度及考核办法，并组织实施。

7. 负责检查所属区域的设备设施。

8. 抓好俱乐部的服务质量检查工作，提高俱乐部的整体服务水平。

9. 有效控制俱乐部各方面的耗费，保持服务质量。

10. 制定培训计划，指导并检查俱乐部部门的员工培训，负责员工的表现评估及发展培训。

11. 负责本部门的安全职责及消防工作。

12. 完成总经理的指令工作。

(二) 需具备的素质和能力

具有广泛深入的高尔夫俱乐部业务知识，精通一门外语；熟悉高尔夫会所管理专业知识和接待礼仪；了解高尔夫规则、酒店治安管理和消防条例；受过俱乐部、餐饮专业的训练，掌握餐饮管理的基本理论，熟悉烹饪、酒水、菜单、成本控制、市场调研、制订餐饮价格等专业知识和餐饮服务接待礼仪，具有相应的文字和电脑处理能力。

具备较强的领导能力和组织协调能力，全面指导和管理各项工作；认真做好会所内部的激励与监督工作，尽力发挥所属各部门主管的作用，关心和指导员工积极、高效地开展工作，并能及早发现和纠正不良现象；认真指导、控制、协调并参与会所的所有活动，保证俱乐部的工作按计划、按标准高效有序地进行；协调与其他部门的关系，尤其是同市场营销部、运作部、供应部、财务部建立起良好的关系，以确保餐饮服务和前台经营活动的正常进行；保证会所的环境卫生、食品卫生和从业人员的服务卫生都达到食品卫生法等要求；在会所营业时间力求做到满足宾客的需求和团体宾客的特殊需求。

二、餐饮主管

餐饮主管的工作职责是执行会所经理的工作指示。根据俱乐部下达的各项工作指标，制订和实施本部门相应的工作计划和经营预算，处理本部门的运营事务，确保餐饮部正常运作并为宾客提供优质高效的接待服务。

(一) 餐饮主管职责范围及工作要求

1. 了解餐厅的经营概念，并需要从会所经理处知道对他的要求。
2. 清楚了解餐厅的营业预算及实际营业收入，当实际营业收入低于预算而成本高于预算时，必须及时找出原因，并设法完成指标。
3. 严格控制一切费用（如冷气、照明服务用品、文具领用等）。
4. 提前计划自己的工作，并负责整个餐厅的人事安排（如编班、考勤、人员变动等）。
5. 确定并知会会所经理，当他不在现场时餐厅由谁负责。
6. 了解同行业信息，不断开拓经营思路，务求经常有新的变化而吸引宾客。
7. 经常变更餐厅的摆设，保持餐厅的清洁。
8. 根据员工的实际情况，为员工提供系统培训。
9. 经常留意餐厅工作（特别是生意高峰期），亲自指挥，参与服务宾客，按制定的服务标准提供服务，考察员工表现，主动发现员工的错漏并及时补救。
10. 对餐厅财物管理负责，定期对物品进行盘点。
11. 经常留意餐厅的温度及所有设备、用具及装修的维修保养。
12. 定期（每月最少一次）对员工的表现进行评估，使其清楚工作职责，多与员工沟通。
13. 参加会所餐饮部例会，并主持召开餐厅的员工例会。
14. 理顺餐厅与厨房的关系，及时将宾客对产品的要求、意见向产品负责人反馈。
15. 负责并善于处理宾客投诉，与宾客建立良好的人际关系，对餐厅的客源层次有深切的了解，以便不断改变经营方法。
16. 负责与各部门的联系。
17. 每天检查下属的纪律、仪容、仪表。
18. 参与或组织在餐厅的各项推广活动。

(二) 需具备的素质和能力

具有广泛深入的高尔夫会所业务知识，精通一门外语。熟悉高尔夫会所管理专业知识，掌握餐饮管理的基本理论，熟悉烹饪、酒水、菜单、成本控制、市场调研、制订餐饮价格等专业知识和餐饮服务接待礼仪。了解高尔夫规则、酒店治安管理和消防条例。受过俱乐部、餐饮专业的训练，了解旅游、公共关系、市场销售知识，具有相应的文字和熟练操作计算机的能力。持有"食品卫生健康证"。

三、餐饮领班

餐饮领班协助餐饮主管进行日常运作及各项工作，为操作层员工的骨干，负责在餐饮主管分配的区域内带领下属向宾客提供优良的服务。餐饮领班应具有熟练的服务操作技巧，耐心周到，有一定的英语水平。餐饮领班的工作直接向餐饮主管负责。

(一) 餐饮领班职责范围及工作要求

1. 保持良好的仪容仪表及个人卫生。
2. 接受餐饮主管的工作安排，做好开餐前的一切准备工作。
3. 准备工作范围内的用品和摆设。
4. 整理好餐饮服务的用具和摆设好座位。
5. 根据宾客的订单从厨房出食物。
6. 严格按照服务工作程序和标准为宾客提供优质服务。
7. 做好用餐后的清理工作。
8. 清洁储物室及用餐场地。
9. 参加俱乐部举行的各种培训。

(二) 需具备的素质和能力

具有广泛深入的高尔夫俱乐部业务知识，精通一门外语。熟悉高尔夫俱乐部管理专业知识，受过俱乐部、餐饮专业的训练。掌握餐饮管理的基本理论，熟悉烹饪、酒水、菜单、成本控制、市场调研、制订餐饮价格等专业知识和餐饮服务接待礼仪。了解高尔夫规则、酒店治安管理和消防条例。了解旅游、公共关系、市场销售知识。具有相应的文字和电脑处理能力。持有"食品卫生健康证"。

能认真做好会所内部的激励与监督工作，尽力发挥所属各部门主管的作用，关心和指导员工积极、高效地开展工作，并能及早发现和纠正不良现象，确保工作指令得到完整实施。具有较全面的服务知识和技能，有食品、酒水等方面的常识，善于与人相处，勤劳、热情、灵敏，协调沟通能力强，并以身作则。认真指导、控制、协调并参与会所的所有活动，保证会所的工作能按计划、按标准、高效有序地进行。协调好与其他部门的关系，尤其是同市场营销部、高球运作部、供应部、财务部建立起良好的关系，以确保餐饮服务和前台经营活动的正常进行。保证餐厅的环境卫生、食品卫生和从业人员的服务卫生都达到食品卫生法等的要求。在会所营业时间内力求做到满足宾客的需求。

四、餐厅服务员

服务员是餐厅服务的实际操作者，在领班分配的工作区域负责接待宾客。服务员应具有较好的服务操作技巧和热情礼貌、耐心周到的服务态度，有岗位服务英语水平。

(一) 餐厅服务员职责范围及工作要求

1. 做好开餐前的各项准备工作，在领班安排的工作区域内为宾客提供热情、礼貌的服务。
2. 在为宾客点菜、上菜及清洁桌面、结账的服务过程中，彬彬有礼、热情周到。
3. 仔细留意宾客在用餐过程中的动态和需求，随时提供必要的服务。
4. 遇到宾客投诉时，应及时向主管或领班汇报。
5. 帮助宾客结账。
6. 顾客离开餐厅后，迅速清理用过的餐具，重新摆设餐桌。
7. 餐具摆设前，要重新检查并确保干净、无破损，随时保持餐厅环境及各项用具的整洁。
8. 结束营业后清点布草做好登记，次日到布草房换领干净的布草。

（二）需具备的素质和能力

具有广泛深入的高尔夫会所业务知识和一门以上外语（如英语）的口语能力。接受过会所相关专业知识培训，了解高尔夫规则、酒店治安管理和消防条例及简单电脑办公软件的操作。持有"食品卫生健康证"。

有良好的服务意识、一定的服务技能，以"令宾客满意"的要求接待宾客。对宾客热情、周到、礼貌。个人仪表仪容符合会所餐厅要求。

五、预订及接待主管

预订及接待主管的工作职责是执行会所经理的工作指示，根据各项工作指标，制订和实施本部门相应的工作计划和经营预算，处理本部门的运营事务，确保会所正常运作并为宾客提供优质高效的接待服务。

（一）预订及接待主管职责范围及工作要求

1. 直接对会所经理负责，保证前台工作正常、有序地进行，配合会所的总体运作。
2. 与高球运作部保持高度沟通，并协调安排预订、下场接待（尤其是无预订打球）。
3. 对于非预订开球，及时与球童、前台做好确定。
4. 负责前台的全面管理和日常监督工作。
5. 负责打球登记、团体安排及打球的预订。
6. 督导并招募前台部员工，同时对于违纪现象予以处理和提出改善意见。
7. 传达并执行会所各项程序、政策。
8. 积极推广会所各类优惠以及销售信息。
9. 在前台繁忙时段协助完成各项工作。
10. 全面掌握会所服务设施状况，为宾客提供准确信息咨询。
11. 了解会所周边环境，包括交通、购物以及如何到达机场等常识。
12. 与各部门保持良好的沟通，遇特殊情况做好相互协调的工作。

13. 制定并维护各类与前台相关的政策程序和管理制度。
14. 积极参与部门会议并及时传达会议信息。
15. 做好部门的培训工作，不断提升员工素质并保证良好的服务质量。
16. 处理好宾客投诉并分析事件的原因，并将处理结果传达至员工。
17. 做好VIP会员到达前的各项准备工作。
18. 关心下属并了解员工的思想动态，及时给予适当协助。
19. 了解近期预订以及掌握3天内VIP会员的预订详细信息。
20. 做好各类文件的存档工作。
21. 及时向上级反映本部门的运作情况。
22. 完成上级领导指派的其他事务。

（二）需具备的素质和能力

具有广泛深入的高尔夫俱乐部业务知识，普通话流利，精通一门外语。熟悉高尔夫会所管理专业知识和接待礼仪，有一定的高球运作知识、服务技巧和处理客户投诉能力。了解高尔夫规则、酒店治安管理和消防条例，具有相应的文字和电脑处理能力。

具备较强的领导和组织协调能力，能够全面指导和管理各项工作。能认真指导、控制、协调并参与会所的所有活动，保证会所的工作按计划、按标准、高效有序地进行。协调好与其他部门的关系，尤其是同市场营销部、高球运作部、供应部、财务部建立起良好的关系，以确保预订及接待服务和前台经营活动的正常进行。

六、预订接待领班

预订接待领班的主要工作职责是协助做好前台整体运作，并为嘉宾提供高质量的服务，使前台成为一个提供全面服务的中心。

（一）预订接待领班职责范围及工作要求

1. 直接对预订及接待主管负责，保证前台工作正常、有序地进行，配合会所的总体运作。

2. 加强与球童部的沟通协调。

3. 协助主管负责会所前台的全面管理和日常监督工作。

4. 负责团体安排及打球的预订。

5. 传达并执行俱乐部各项程序、政策。

6. 积极推广会所各类优惠以及销售信息。

7. 前台繁忙时段协助完成各项工作。

8. 全面掌握会所服务设施状况，为宾客提供准确信息咨询。

9. 了解会所周边环境，包括交通、购物，以及如何到达机场等常识问题。

10. 协助主管与各部门保持良好的沟通，遇特殊情况做好相互协调的工作。

11. 做好部门培训工作，不断提升员工素质并保证良好的服务质量。

12. 处理好宾客投诉并分析事件的原因。

13. 做好 VIP 会员到达前的各项准备工作。

14. 协助主管关心下属并了解员工的思想动态。

15. 了解近期的预订以及掌握 3 天内 VIP 会员的预订详细信息。

16. 做好各类文档的存放工作。

17. 及时向上级反映本部门的运作情况。

18. 完成上级领导指派的其他事务。

（二）需具备的素质和能力

具有广泛深入的高尔夫会所业务知识，普通话流利，精通一门外语。受过会所专业训练，具有相应的文字和电脑处理能力，持有"食品卫生健康证"。

有高球运作知识、服务技巧和处理客诉能力。协助主管及时高质的完成各项工作任务。做好督导工作，确保前台的服务质量和工作效率。认真做好前台内部的激励与监督工作，关心和指导员工积极、高效地开展工作，并及早发现和纠正不良现象。认真指导、控制、协调并参与会所的所有活动，保证会所的工作按计划、按标准、高效有序地进行。及时准确地接受和传达各类信息，协调好与其他部门的关系，尤其是同市场营销部、高球运作部、供应部、财务部建立起良好的关系,以确保前台经营活动的正常进行。在俱乐部营业时间内力求做到满足宾客的需求和团体宾客的特殊需求。

七、预订员

预订员的晋升岗位为预订接待领班。预订员必须熟悉会所的各项政策和讯息,为宾客提供高质的预订和问询并适时予以帮助。

(一) 预订员职责范围及工作要求

1. 熟悉本岗位的有关业务知识。
2. 认真做好交接班工作。
3. 按工作程序迅速、准确地接听电话。
4. 热情、友好、迅速地接受宾客的问询。
5. 主动向宾客推广俱乐部的活动政策。
6. 更新每日球场信息。
7. 了解所有的预订程序和制度。
8. 掌握俱乐部的组织结构,熟悉俱乐部主要负责人和各部门负责人的姓名。
9. 熟悉常用电话号码。
10. 熟悉有关询问的知识。
11. 掌握预订部各项设备的功能,操作时懂得利用各功能以及注意事项。
12. 做好宾客的信息保密工作。
13. 执行各项管理制度。
14. 完成上级交待的其他工作任务。

(二) 需具备的素质和能力

普通话流利,英语口语基础较好;有高球运作知识、服务技巧和处理客诉能力;了解高尔夫规则、酒店治安管理和消防条例;具有相应的文字和电脑处理能力，心态积极，心理素质好，性格外向，善于与他人沟通。

八、接待员

接待员的晋升岗位为预订接待领班，其职责是为宾客提供高质的登记服务，熟悉俱乐部的各项政策和讯息，为宾客的问询提供服务并适时地予以帮助。

（一）接待员职责范围及工作要求

1. 熟悉掌握前台打球登记程序，为宾客提供专业、快捷的服务。
2. 全面掌握会所服务设施状况，为宾客提供准确信息咨询。
3. 理解并执行俱乐部的各项程序政策。
4. 积极推广俱乐部各类优惠以及销售信息。
5. 负责打印每日 Tee-Time（开球时间）本，并分发相关部门。
6. 负责每日团体登记以及次日团体准备工作。
7. 了解每日订场情况、VIP 打球安排及团体赛事等。
8. 负责检查每日所做报表是否准确，并打印存档。
9. 与相关部门保持良好沟通，确保前台运作的顺畅。
10. 确保工作区域的有序和整洁。
11. 了解会所周边环境，包括交通、购物、周边同行以及如何到达机场等常识问题。
12. 执行会所的各项管理制度。

（二）需具备的素质和能力

普通话流利，精通一门外语，口语基础较好；受过会所专业的训练，熟悉高尔夫会所接待服务工作内容及礼仪；了解高尔夫规则、酒店治安管理和消防条例；具有相应的文字和电脑处理能力、持有"食品卫生健康证"。严格按照俱乐部的相关规定，执行各项工作任务；为宾客提供标准服务；要有良好的工作态度和积极心态。

九、更衣室服务员

更衣室服务员是为宾客提供高质的更衣室内服务，保证区域的干净整洁，接受宾客的问询并适时地予以帮助。

（一）更衣室服务员职责范围及工作要求

1. 熟悉更衣室的各项管理制度和工作流程，为宾客提供优质服务。
2. 全面掌握会所服务设施状况，为宾客提供准确信息咨询。
3. 理解并执行会所的各项程序政策。
4. 做好日常的清洁卫生和物品补缺工作。
5. 做好每日的交接班工作。
6. 注意做好各项安全防范工作，防止盗窃和遗漏发生。
7. 坚守工作岗位不擅自离开，如需离开应找他人代岗。
8. 执行各项管理制度。

（二）需具备的素质和能力

普通话流利，具备一定外语基础；熟悉高尔夫礼仪及酒店接待礼仪；了解高尔夫规则、酒店治安管理和消防条例；持有"食品卫生健康证"。严格按照会所的相关规定，执行各项工作任务；为宾客提供标准服务；要有良好的工作态度和积极心态。

十、专卖店服务员

专卖店服务员的晋升岗位是专卖店经理，执行总经理的工作指示、根据俱乐部下达的各项工作指标，制订和实施本部门相应的工作计划和经营预算，处理本部门的运营事务，确保俱乐部正常运作并为宾客提供优质高效的接待服务。

（一）专卖店服务员职责范围及工作要求

1. 确保俱乐部品牌专卖店的卫生洁净及其货物的摆设整齐，做好所辖工作区域及设施、设备的整洁卫生工作。

2. 正确填写商品销售项目价格，保证填单、输入电脑数据的正确性。
3. 促进营业额，努力积累客源及提高固定客源消费。
4. 按照专卖店补货程序及时做好商品补货、订货工作。
5. 适时调换商品的摆设，跟进货物的到货，参与验收。
6. 定期盘点货品。
7. 收集宾客和会员的意见，并及时向上级反馈。

（二）需具备的素质和能力

普通话流利，掌握一门外语口语；掌握高尔夫球具、品牌及相关高尔夫运动知识；了解高尔夫规则、酒店治安管理和消防条例；具有相应的文字和电脑处理能力、持有"食品卫生健康证"。严格按照会所制度执行各项工作任务；为宾客提供优质服务；要有良好的工作态度和积极心态。

项目三　会所服务人员行为规范

能力目标

1. 能够按照高尔夫礼仪要求熟练接待顾客。
2. 能够提醒不符合高尔夫礼仪的客人，使其按照高尔夫礼仪规范进行活动。

知识目标

1. 了解高尔夫会所员工应具备的素质。
2. 掌握高尔夫礼仪。
3. 掌握接待礼仪。

素质目标

1. 通过了解高尔夫会所员工应具备的素质，培养主动学习意识。

2. 通过学习高尔夫礼仪规范，培养服务意识。

会所服务人员是会所形象的代表，他们身兼数职，既是会所的工作人员又是会所的推销员、公关员、调解员、信息资料员。会所员工的基本素质包括以下几方面。

一、仪容仪表

仪表是人的外表，包括容貌、姿态、个人卫生和服饰，是人的精神面貌的外在表现。良好的仪表可体现服务的气氛、档次和规格，员工必须讲究仪表。仪表的具体要求如下：

1. 着装清洁整齐

上班要穿工作服，工作服整齐干净，扭扣齐全扣好，不可敞胸露怀、衣冠不整，不能将衣袖、裤子卷起，应穿平底运动鞋。戴帽子时帽檐不得低于眉骨。

2. 仪容大方

指甲要常修剪，不留长指甲，不涂有色的指甲油，发式按规定要求，男生不留长发，发角以不盖耳部及后衣领为宜，女生不留怪异发型，头发要梳洗整齐，将长发盘起，不披头散发。

3. 注意个人清洁卫生

男生坚持每天刮胡子，鼻毛不准出鼻孔，手要保持清洁，早晚要刷牙，饭后要漱口。勤洗澡防汗臭，上班前不吃异味食品和含酒精的饮料。

4. 保持良好精神状态

注意休息，保障充足睡眠。要常做运动，保持良好的精神状态，上班时不要面带倦容。

5. 女生上班要淡装打扮

女生上班不准戴手镯、手链、戒指、耳环及夸张的头饰，戴项链不外露，男女均不准戴有色眼镜。

6. 班前要检查自己的仪表

公共场所需整理仪表时，要到卫生间或工作间，到客人看不到的地方，不要当着客人的面或在公共场所整理。上班之前，后台工作人员都应检查自己的仪表，做到着装整洁。

7. 佩戴工作牌

按照公司规定将工作牌端正佩戴于左前胸处，相当于男衬衫第三枚扣子平齐处。

二、仪态规范

除了仪容仪表外，员工的仪态也将直接影响客人对会所形象的认识。员工仪态规范主要注意以下几方面。

(一) 表情

表情是人的面部动态所流露的情感，在给人的印象中，表情非常重要，在为客人服务时，应注意以下几点：

1. 给人以亲切感

要面带微笑，和颜悦色，给人以亲切感；不能面孔冷漠，表情呆板，给客人以不受欢迎之感。

2. 给人以尊重感

要聚精会神，注意倾听，给人以受尊重之感；不要无精打采或漫不经心，给客人以不受重视感。

3. 给人以真诚感

要坦诚待客，不卑不亢，给人以真诚感，不要诚惶诚恐，唯唯诺诺，给人以虚伪感。

4. 给人以镇定感

要沉着稳定，给人以镇定感，不要毛手毛脚，吐舌、眨眼给客人以毛躁感。

5. 给人以宽慰感

要神色坦然，轻松、自信，给人以宽慰感；不要双眉紧锁、满脸愁云，给客人以负重感。

（二）站姿

员工应站立服务，面露自然、亲切的微笑。正确的站姿是：站直，身体重心在两脚之间，双脚与肩同宽、自然分开，双眼平视前方，略微挺胸、收腹，双肩舒展，身体不倚不靠，双手自然下垂，前交叉或背后交叉。

（三）坐姿

员工在为客人服务时应起立接待，如需坐着服务时则注意坐姿。正确的坐姿是：端坐，腰部挺直，双肩放松，坐在椅子三分之二部位（注意不要坐在椅子边沿），双腿并拢，不要把手插入衣袋或双手相抱，不得在椅子上前俯后仰、摇腿、翘脚或坐在椅子、沙发扶手或桌子角上。

（四）走姿

员工在会所等区域不要多人并排行走，应主动示意、礼让客人先行。正确的走姿是：上体正直，抬头，眼睛平视前方，行走轻而稳，双臂自然摆动，双肩放松，不要摇头晃肩，身体不要乱摆。

（五）手势

员工在与客人谈话时手势不宜过多，幅度不要过大，切忌用手指或笔杆指点。正确的手势是：向客人指示方向时，将手臂自然前伸，上身稍前倾，五指并拢，掌心向上。

三、语言

会所服务人员不仅应有良好的仪容、仪表，而且必须具备优美的语言，令人愉快的声调，恰当的内容和灵活策略的语言技巧。只有这样，会所的服务才显得生机勃勃。服务员必须掌握标准的普通话和一两门外语的基本会话，并且发音标准，表达准确。

1. 主动向客人打招呼问候。
2. 与客人谈话时必须站立，并保持0.8~1米的间隔，目光注视对方面部，保持表情自然和微笑。
3. 谈话时精力集中。
4. 回答客人询问时，表达要准确、清楚，语言简洁。
5. 谈话声音以双方能够听清为宜，语调平稳、轻柔，语速适中。
6. 注意不要谈及对方不愿意提到的内容或隐私。
7. 不能使用"不知道"等否定语，应积极、婉转地回答问题。
8. 如客人心情不好、言辞过激时，不能面露不悦的表情，应保持平静的态度。
9. 不要在客人面前与同事讲家乡话，不得扎堆聊天。
10. 忌中途打断客人讲话，应让客人讲完后再作答；遇急事需要找谈话中的客人时，应先说"对不起"，征得客人同意后再与客人谈话。
11. 因工作原因需暂时离开正讲话的客人时，要先说"对不起，请稍候"，回来继续为客人服务时，应主动表示歉意"对不起，让您久等了"，或表示感谢"感谢您的耐心等待"。

四、业务操作技能

高尔夫会所服务人员必须能够熟练、准确地按程序完成本职工作。工作的准确性、速度快慢标志着会所的管理水平。任何的业务操作失误，不仅会给会所造成经济损失，而且还会破坏客人对会所的总体印象。

五、应变能力

应变能力是高尔夫会所服务人员应具备的特殊服务技能与素质。因为客人来自全国各地及异国他乡，不同国家地区、不同民族、不同教育背景与修养的人，在生活习惯和对会所的要求上都会有所不同；高尔夫俱乐部在经营中也会出现失火、失盗等特殊情况，服务人员只有具备应变能力，才能妥善处理好这些特殊问题。在任何情况下，会所服务员应沉着冷静，采用灵活多变的方法，处理好每件特殊事件。

六、诚实度

高尔夫会所服务人员必须具有较高的诚实度，这一素质在高尔夫行业中显得尤为重要。高尔夫会所员工必须能够严格遵守工作纪律。在接待工作中，对客人的优惠政策必须符合会所的规定，绝对不能以工作之便徇私舞弊。

七、知识面

高尔夫会所服务人员在业务中经常会碰到客人各种各样的提问，这些问题有时会涉及政治、经济、旅游、风俗、文化，以及有关高尔夫会所情况，服务人员只有具备较宽的知识面和丰富的专业知识，才能为客人提供准确的信息。

八、合作精神

高尔夫会所的每一位员工都应该意识到高尔夫会所就是一个"大家庭"，要想"家"里好，就需要每位成员的集体合作。当前台人员忙于接待或因特殊情况离开工作岗位时，其他员工必须能够替代其工作，共同使客人满意，个人的情绪绝不能带到工作中来，否则会严重影响工作效率和高尔夫会所的整体形象。

【相关知识】

礼仪行为规范

一、与人交谈时的合适距离
1. 个人距离：近段 0.46~0.76 米、远段 0.76~1.2 米。
2. 社交距离：近段 1.2~2.1 米、远段 2.1~3.6 米。
3. 公众距离：近段 3.6~7.6 米、远段 7.6 米以外。
二、礼仪规范站姿
1. 女士：V 字步：双腿并拢，两脚间距 10 厘米，张角 45°，两膝间无缝隙，重心在两足中间脚弓前端位置。
2. 男士站立的正确姿势不但应该自己觉得舒适，而且应该给人一种稳重的信赖感。正确的站姿是肩部平衡，两臂自然下垂，腹部收紧，挺胸、抬头，不弯腰或垂头，不要有萎靡和颓丧的样子。为求稳重，两腿可略分开，大约与肩膀同宽，双手呈半握拳的样子为最好。

模块三　高尔夫会所管理制度

能力目标

1. 能确定并阐述高尔夫会所管理制度的具体内容。
2. 能够制订并执行管理制度。

知识目标

1. 了解高尔夫会所的管理制度。

2. 掌握高尔夫会所管理制度的制定方法。

素质目标

通过理解管理制度，培养主动遵守管理制度的态度。

俗话说，没有规矩不成方圆。产业巨大的高尔夫会所更要有明确的管理制度来约束员工，以期达到最好的管理效果，更好地为广大客户服务。

一、考勤制度

高尔夫会所为加强纪律性，保证良好的工作秩序，制订严格的考勤制度，对控制员工迟到、早退等现象起到了很好的作用。

1. 准时上下班并打卡，不迟到、不早退，提前15分钟到达会所，以便更换制服。
2. 请假必须提前一天通知部门，说明原因并经部门批准后方可休假。
3. 严禁私自换班，换班必须由申请人、换班人、主管签字批准。
4. 严禁代人签到、请假。
5. 上班时间以到岗时间为准。

二、工服管理制度

统一的工装是会所形象的标志，佩戴工牌进一步严肃了员工的管理制度。

1. 工服必须干净、整齐，上班必须按规定统一着装，佩戴工牌。
2. 严禁私自穿着或携带工服外出。
3. 员工变动或离开会所时应将工牌等证件交回人事部门。

三、劳动纪律

为增强员工劳动纪律性，各高尔夫会所均会根据自身特点制定相应的劳动纪律，以强化劳动纪律管理。一般有以下几方面。

1. 严禁携带私人物品到工作区域（如提包、外套等）。
2. 严禁携带会所物品离开。
3. 严禁在会所范围内污言秽语，散布虚假或诽谤言论，影响会所、客人或其他员工声誉。
4. 工作时间不得无故窜岗、擅离职守，下班后不得擅自在工作岗位逗留。
5. 上班时间严禁打私人电话，干与工作无关的事情。
6. 严格按照规定时间换岗，除用餐时间外，不得在当值期间吃东西。
7. 严禁在工作时间聚堆闲聊、会客和擅自领人参观。
8. 上班时间内严禁收看（听）电视、广播、录音机及任何书报杂志。
9. 严禁在公共场所大声喧哗、打闹、追逐、嬉戏。

四、工作规范

在工作过程中，明确的工作规范将有效提升会所员工办事效率。
1. 不得与客人发生争执，出现问题及时报告上级处理。
2. 服从领导的工作安排，保质保量完成各项工作。
3. 服务接待工作中坚持站立、微笑、敬语、文明服务，使宾客感觉亲切、安全。
4. 积极参加部门例会及各项培训工作，努力提高自身素质和业务水平。
5. 工作中严格按照各项服务规程、标准进行服务。
6. 认真做好各项工作记录、填写各项工作表格。
7. 自觉爱护保养各项设备设施。
8. 工作中要注意相互配合、理解、沟通，严禁出现推诿现象。
9. 严禁出现打架、吵架等违纪行为。
10. 工作时间在工作区域内一律使用普通话交流。
11. 严禁出现因人为因素造成的投诉及其他工作问题。
12. 工作中要有良好的工作态度。
13. 使用基本礼貌用语
（1）称呼语：小姐、夫人、先生、女士。

(2) 欢迎语：欢迎光临、欢迎光临××高尔夫会所。

(3) 问候语：您好、早上好、下午好、晚上好。

(4) 祝贺语：恭喜、节日快乐、新年快乐。

(5) 告别语：再见、晚安、明天见、祝您旅途愉快。

(6) 道歉语：对不起、请原谅、打扰您了、不好意思。

(7) 应答语：是的、好的、我明白了、不要客气。

(8) 道谢语：谢谢、非常感谢。

(9) 征询语：请问您有什么事？我能为您做些什么？您还有别的事情吗？

14. 服务应答规范

(1) 客人到来——"您好，欢迎光临"。

(2) 客人离去、离店——"您慢走""欢迎您下次光临"。

(3) 请客人重复叙述——"对不起，请您再说一遍可以吗？"

(4) 客人表示致谢——"不客气""这是我应该做的"。

(5) 客人表示致歉——"没关系""不必介意"。

(6) 需要打断客人的谈话——"对不起，打扰一下"。

(7) 答应客人的要求——"好的""可以""没问题"。

(8) 暂时离开面对的客人——"请稍候"。

(9) 离开客人后返回——"对不起，让您久等""感谢您的耐心等待"。

五、接听电话

接听电话的态度直接影响致电人对会所的印象，在接听电话时需要注意以下几方面问题。

1. 所有来电，须在电话铃响三声内拿起接听。

2. 接听电话需先问候对方，并主动报出自己所属的部门或所在岗位，如"早上好，接待处""晚上好，预订处"。

3. 认真倾听对方的电话事由，如需传呼他人，应请对方稍候，然后轻轻放下电话，再去传呼他人。

4. 必要时做好记录。通话要点要问清，然后向对方复述一遍。

5. 全部通话完毕，应对对方打来电话表示感激，并主动说"再见"，确认对方放下电话后，自己再轻轻放下电话。

6. 给客人或别处拨打电话，应先问候对方，并作简单的自我介绍，说明要找的通话人的姓名；确定对方是否听明白或记录清楚，再致以致谢语或再见语；确定对方放下电话后，自己再轻轻放下电话。

7. 接听或拨打电话语调应亲切、悦耳，发音清晰、准确，语速、音量适中，并正确使用敬语，电话中的敬语一般有"您""您好""请""劳驾""麻烦您""谢谢您""是否""能否代劳""请稍候""对不起""再见"等。

8. 不要对客人讲俗语和不易理解的专业语言，以免客人不明白，造成误解，如 VIP（重要客人）等。

9. 对方拨错电话时，要耐心地告诉对方"对不起，您拨错电话号码了"，千万不要得理不饶人，造成客人不愉快。自己拨错电话号码，一定要先道歉，然后再挂线重拨。

10. 接听电话过程中如需暂时中断对话，须向对方致歉并说明，如"对不起，请稍候"；继续通话前，须先向对方说："对不起，让您久等了。"

11. 任何时候不得用力掷话筒。不要长时间占用电话，工作期间不得接打私人电话。

12. 内部间工作通话不得影响对客人的服务，必须以客人服务为先，可以让对方稍后打来。

【经典案例】

一部 ipad 引发的问题

一天，一直住在某高尔夫会所客房的会员李先生拿着一部苹果 ipad 来到前台，找到正在值班的王××，说是 ipad 出了一些问题需要送到售后维修店去检查修理，而自己又约好了一个很重要的客户，不能出去，想看看王××可不可以抽时间帮自己跑一趟，或者是会所内有人要到市内去的帮忙带过去也可以。

王××拿过李先生的苹果 ipad，随手递过去一张纸请李先生写下情况说明，并为李先生写了一份收条，证明她收了李先生的苹果 ipad。

晚上，李先生找到了还在值班的王××，询问苹果 ipad 是否修好，王××白了李先生一眼说："李先生，哪有那么快哦，我们这离市区又有一段距离，我也没下班，怎么可能送去修啊，再说，就算是送去了，也不会这么快就回来吧？"李先生被王××的态度吓了一跳，不过他觉得王××说的也对，就说"那好吧，请你尽快帮我安排吧。"然后回了房间。

回到房间的李先生越想越郁闷，"这个小丫头，怎么可以这么和我说话呢？不能帮可以不帮啊，何必呢？"越想越气的李先生请来了前台主管刘丽，向刘丽发起了牢骚。刘丽表示一定会尽快想办法把李先生的苹果 ipad 送到售后维修店去，并且会对王××的行为作出处理。李先生忙说道："千万不要，这孩子也不容易，一定是有什么原因才会这样的，我和你说也是想要提醒你一下而已，毕竟我也是咱们的会员，我希望咱们会所好才好。"

问题：请对此案例进行分析，并谈谈可能对高尔夫会所产生的影响。

案例分析

员工素质直接反映出会所的管理水平。前台服务人员是高尔夫会所形象的代表，是会所各部门中素质最高的员工，她们身兼推销员、公关员、调解员、信息资料员以及业务监督员数职。会所的成功与否、客人对俱乐部的印象甚至是否继续与本会所合作往往决定于服务人员的素质。

【作业与思考】

1. 简述高尔夫会所的重要功能。
2. 会所工作人员的素质要求有哪些？
3. 请结合实际情况，谈一下你在高尔夫会所就业后的职业生涯发展规划。

第二单元
高尔夫会所岗位实践

会所是高尔夫俱乐部对客服务的中心，也是整个高尔夫球场运营的枢纽。它是球场接待、球员办理打球手续，以及打球前后进行娱乐、休闲和社交的场合。会所岗位实践项目主要有预订服务、迎宾服务、前台接待服务、专卖店服务、更衣室与洗浴中心服务、运作服务、行政事务服务、会员服务、餐饮服务、客房服务及康体中心服务等，大多数球会都将运作出发、存包服务设立在会所中。

模块一　预订服务

预订是球会营运管理的第一步，其目的是满足客人的需求，合理安排开球时间，做好必须的服务准备，缩短客人等待时间。一个球会的预订工作在一定程度上影响到球会的整体管理服务工作，球会预订比例越大，球会管理工作越顺利，尤其是在球会需求旺季，预订具有更为重要的意义。对球会来说，预订有利于提前做好相关的接待准备工作，如减少等候开球的时间、球童和球场的使用安排及其他相关服务的提供。

项目一　客人预订

能力目标

1. 通过电话预订情境模拟，能熟练运用高尔夫接待礼仪，按照打球预订流程，进行接听电话、查看球会已预订情况、与客人对话等工作。

2. 通过现场预订、传真预订等训练，能运用专业接待标准，按照打球预订流程，完成预订工作。

知识目标

1. 掌握预订的种类。
2. 熟悉预订的实际操作步骤以及相关的服务技能。
3. 掌握接待礼仪、形象礼仪、电话礼仪、对客礼仪。

4. 掌握通过各种形式接受客人预订的有关基础知识。

素质目标

1. 接待预约客人时，具备较好的语言表达、沟通、与人合作能力。

2. 接待客人时要遵从高尔夫服务业的相关制度、标准。一些俱乐部是通过客人抵达俱乐部的时间安排开球时间，这种方法常在运作中带来许多问题。为解决这些问题，目前一些俱乐部专门成立预订部，由专人负责预订服务。也有一些俱乐部将预订工作安排到前台或会员部。预订的客人有3种，一是会员、嘉宾预约；二是访客、中介预约；三是团体、赛事预约。预定的形式有很多种，如电话预订、当面预订、传真预订、书面预订等。

【工作引入】

王瑶是2011级毕业生，现在××高尔夫俱乐部实习，今天是她上班的第三天，现在是早晨7：00点钟，其他人员还没到岗。作为一名新员工，她想早点到单位打扫卫生，整理一些资料，提前做好准备。这时，电话铃响起，她犹豫了一下，万一要是客人预订怎么办，因为她对工作还不太熟悉。王瑶接起了电话，礼貌和客人问好，得知是一位Smith先生要预约打球。Smith先生想7月15日来球场打球。开球时间是上午10：30，打球人数是2人，预订A场18洞。

请受理Smith先生的电话预订业务。

【任务分析】

在接待电话预订前，预订员要对球会预订信息了如指掌，包括球场空场情况、不同身份人员打球价格等。在接待电话预订时，预订员要礼貌问候客人，明确客人身份，并能按照客人要求完成预订，预订结束后还应该给予回复确认。

【操作步骤与标准】

预订的形式有很多种，如电话预订、当面预订、传真预订、书面预订等。不同形式的预订操作步骤不同。具体步骤如下：

(一) 电话预订

电话预订是高球预订中最常用的一种预订方式，因为电话预订便于客人与预订员直接沟通，客人能快速得知预订结果。电话预订主要分为预订准备、接听电话、问候客人、身份核对、聆听客人预订需求等13个步骤。具体步骤如下：

1. 预订准备

(1) 员工首先要了解和熟练掌握本球会的各种设施、各项服务及其价格、各部门的基本情况等有关球会产品的信息。

(2) 按照服务操作规程做好服务准备，使电脑处于正常工作状态，检查和核实电脑中预订登记的资料以备使用。

2. 接听电话

(1) 电话铃响三声之内拿起话筒，左手拿话筒，右手拿笔准备记录。

(2) 如果超过三声接电话，应首先向客人道歉"对不起，让您久等了"。

3. 问候客人

(1) 问候客人：您好、早上好、下午好、晚上好等。

(2) 自报家门：××高尔夫俱乐部预订部。

(3) 询问客人：我可以帮您做点什么吗！

4. 身份核对

确定预约者是否是会员，礼貌询问对方姓名、会员证号码，并将其姓名输入电脑核对。

5. 聆听客人预订需求

（1）问清客人预订日期、Tee-time、打球人数、打球场地等。

（2）查看计算机相关界面或预订表，确认是否有客人需要预订的时间、球场。

（3）若能满足客人的预订要求，可直接接受预订（登记预订信息：场次、身份、洞数、时间、人数、就餐人数、入住客房等）。确认会员的身份后，应询问会员希望的出发时间段（明确日期、上下午及时点）、球场，并通过电脑查询该时间（球场）是否被预订。如该时间及球场均有空，预订确定。

6. 提供其他预订信息

（1）如该时间（球场）已被占用，则应礼貌地告诉会员，并协助会员在该时间（球场）附近寻找可供预订的时间（球场）。

（2）介绍其他空闲时间、空闲场地等信息，并提供适当空闲时间打球优惠费用。

（3）如未能预订，则留下该客人的有关资料，包括会员姓名、打球人数、希望打球的时间、是否愿意和其他球手一起使用同一时间打球及联系方式等，以便一旦出现临时取消的会员，可尽快联系该客人。

7. 询问客人付款方式

询问客人付款方式，在订单上注明。

8. 询问客人特殊要求

（1）询问客人的特殊要求，如是否预订客房、餐厅、球童、接机服务等。

（2）如客人需要其他服务，说明收费标准。

（3）如遇特殊要求者，一定详细记录并与客人再次确认。

9. 询问预订客人或预订代理人

（1）询问预订人或预订代理人姓名、联系方式、电话号码等。

（2）对上述情况做好记录并与客人核对。

10. 复述核对预订内容

在确定出发时间后，应询问会员的打球人数（每 1 组出发人数及预约打球的人数不能超过 4 人），要求会员与嘉宾的比例符合球会规定。将嘉宾与会员本人的资料一起登记在电脑的预约栏目内，并将电脑显示出的资料复述给会员核对无误。

11. 完成预订

（1）向客人致谢并表示恭候光临。
（2）在预约结束前，应向会员复述预约内容，并提醒会员于预订打球时间之前 30 分钟到球会办理登记。

12. 发送短信确认

给客人发送预订信息，确认预订完成。

13. 记录预订、填写表格

（1）按规定填写预订单，并将客人的相关资料输入系统。
（2）按日期存放订单。

【注意事项】

（1）服务行业规定电话铃声响三声之内必须接听，超过三声未接必须向客人致歉，客人可以进行投诉，所以一定要注意规范服务。

（2）在核实预订客人信息时，如对方未能提供正确的会员证号码，应礼貌地询问对方身份证件（身份证、护照）号码，并与电脑显示的资料进行核对；当会员的身份无法核实时，应礼貌地告诉对方，根据本球会的规定，只有经过核实身份的会员本人才可以按会员预约接待。工作人员应根据电脑显示的资料，提醒客人先办理入会手续后，才能按会员待遇预约入场打球，否则只能按访客接待。

（3）协助客人预订其他空闲打球时间及场地时，也要注意客人的具体情况，不要一味地为成功预订而推销，有些时间客人不喜欢就不要勉强介绍，要视情况灵活掌握运用。

(4) 当周末、假日球会打球的人数较多时，为了保持球场整体运行顺畅，规定一组人数不能少于3人。当任何一组打球人数不足3人时，员工应立即提醒会员，也许会有其他客人加入这一组。向客人婉转地解释，因球场人多，即使两个人打球，速度也不会快。

(5) 遇到工作较忙时，接待完一位客人后，可以将预订资料暂缓放在一边，接待下一位客人，等客人离开后再填写相关表格，一定不要让客人久等，但不要忘记填写表格和输入计算机。

【相关知识】

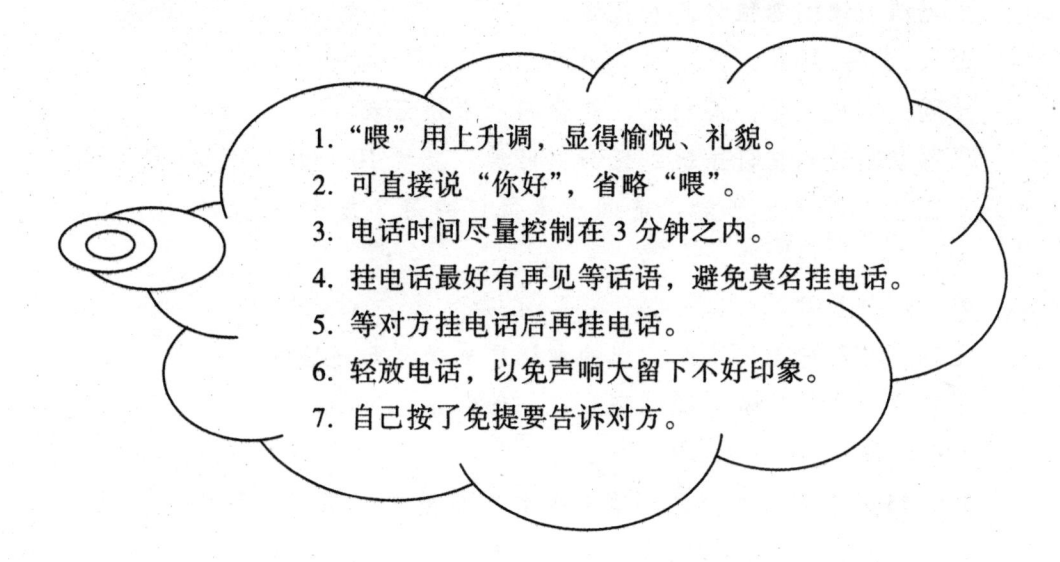

1. "喂"用上升调，显得愉悦、礼貌。
2. 可直接说"你好"，省略"喂"。
3. 电话时间尽量控制在3分钟之内。
4. 挂电话最好有再见等话语，避免莫名挂电话。
5. 等对方挂电话后再挂电话。
6. 轻放电话，以免声响大留下不好印象。
7. 自己按了免提要告诉对方。

【经典案例】

不完美的预订

周末的一天，××高尔夫俱乐部预订部电话响了好几声，此时王瑶正在和同学微信聊天，半天才拿起电话。

王瑶："喂，您好，××高尔夫预订部。"

客人："我要预约7月15日打球。"

王瑶："好的，先生，请问您是会员吗？"

客人："我是会员，我是邓××。"

王瑶一边记录，一边查询，很快查到了邓先生的会员信息。

王瑶："邓先生，您好，你的会员卡号是×××××××，您要预订7月15日打球，是吗？"

客人："是的。"

王瑶："好的，邓先生，请问您想预订几点开球？"

客人："我想10：30下场，预订A场18洞吧！"

王瑶："请问您预订几人打球？"

客人："2人。"

王瑶："邓先生，请稍等，我查询一下预订表。"

王瑶立刻进入预订系统，查询预订表，发现10：00~11：00有空场。

王瑶："邓先生您好，请问您要预订的是7月15日上午10：30，2人，A场18洞吗？"

客人："是的。"

王瑶："邓先生，您好，您的预订已成功，欢迎您的光临。"

王瑶发送短信确认，顺利完成了一份订单。

……

7月15日会员邓先生陪同客户来到前台要求办理登记手续。

前台："先生，您好！"

客人："我上周日预订了今天10：30分打球。"

前台根据短信的预订号查询电脑后得知，电脑中的预订日期为次日的10：30。

"邓先生您好，我这里查到您的预订信息是明天的10：30。"

客人："你们是怎么搞的，我明明已经收到短信确认了，你看。"

"我要投诉你们，太不像话了！"

前台根据短信的预订号查询电脑后得知，电脑中的预订日期为次日的10：30。原来是王瑶失误在电脑中输错了信息，将15日的订单输到

16日了。邓先生觉得球会的失误使自己在客户面前颜面尽失，立即将此事投诉至会员部。会员经理出面解决了此事，并安排邓先生和客户下了场。

1. 案例分析

（1）接听应在电话声响3声之内接起，如有事接晚了，要向客人表示歉意。

（2）王瑶做预订时未将预订信息准确录入电脑，并且事后的再次检查也不仔细。

（3）前台做接待登记时不够灵活，当未查询到会员的预订时，应当考虑到有可能工作失误而造成预订时间错误，如当时查询到后立即致歉并积极调整时间进行安排，而不是告之会员无该预订，也不至于引起会员的投诉。

2. 实战演练

学生分别扮演预订员和客人Smith，参考以下对话内容练习电话预订对话。

员工：您好，预订部。

客人：您好，我是Smith。

员工：Smith先生，有什么可以帮助您的呢？

客人：我想预约星期六上午8：00一组。

员工：非常对不起，您要的这个时间已经预约满了。

客人：周六上午还有什么时间可以订场呢？

员工：12点36分，怎么样？

客人：好的，就订这个时间！

员工：请告诉我您的会员号码？

客人：我的会员号码是×××××××。

员工：您有随同嘉宾吗？

客人：有三个朋友一起来。

员工：好的，已经定好了，您的开球时间是星期六中午12：36分。

【作业与思考】

访客电话预订中预订员如何运用语言技巧进行空闲时间或球场的推销？

(二) 当面预订

当面预订就是客人到预订部或前台现场进行预订，多为客人离开时预订下一次打球，也可以委托其他人员到现场进行预订。当面预订主要分问候客人、确认身份、填写预订单、更改预订、向客人道别、将预订资料存档等几个步骤。具体步骤如下：

1. 问候客人

（1）向客人问好（早上好/下午好/晚上好），请宾客至预订台入座办理，面带微笑，身体做指引动作，手势优美。
（2）"我可以帮您做些什么？"

2. 确认身份

（1）了解客人的身份和预订需求、预订日期、开球时间、打球人数、打球场地等。
（2）查看计算机中的预订状况。

3. 填写预订单

（1）若能接受客人的预订，要求确认并登记客人的预订信息：场次、身份、洞数、时间、人数，填好预订单。
（2）填写预订单的同时与客人核实预订信息。

4. 更改预订

（1）如该时间（球场）已被占用，则应礼貌地告诉客人，建议客人适当调整预订要求，并协助会员在该时间（球场）附近寻找可供预订的时间（球场）。

（2）如未能预订，可留下客人的电话号码，以便有空闲场地及时间时及时通知客人。

5. 向客人道别

（1）询问客人是自己预订还是替别人预订。

（2）若替别人预订，要客人把预订人的电话留下，以便有事联系。

6. 将预订存档

把客人的预订资料（订房单）整理好，输入计算机保存。

【注意事项】

（1）当客人向服务员走来，如果服务员正在接待其他客人，不能因为正在工作而对客人视而不见，可以向客人点头示意或告知客人稍等。一定要礼貌待客，不能冷落客人。

（2）当球场或打球时间不能满足客人的预订要求时，要婉言答复，不要直接谢绝，最好是建议其他空闲时间或球场，让客人自己做出选择。

（3）最后一定要留一个可以找到客人的电话号码，以便有事联系。

【相关知识】

礼仪常识：中国社交礼仪网
http://www.oku9.com/

【经典案例】

"陌生客人"到访

王瑶在接听电话预订时，预订部进来两位"陌生客人"，此时只有王瑶一个工作人员。

王瑶抬头看了一眼，继续忙于电话预订工作，两位客人等了半天，王瑶才完成刚才的工作。

王瑶站起来，询问客人需求并请客人到预订台就坐。客人表示是替一位王××会员预订，王××有4个外地朋友要过来，想第二天带他们下场，看哪个时间段有空场，只要明天能下场就可以。王瑶核实会员王××身份，确定可以带3名嘉宾。预订员王瑶查询预订表，发现正好有一位客人昨天取消了预订，C场10：00-11：00有空场。在填写预订单的时候，客人不能提供王××朋友的信息，加上刚进门时王瑶的怠慢，客人很不耐烦，觉得王瑶办事啰嗦，王瑶无奈只好按照客人要求填写了预订单，完成了当面预订。

1. 案例分析

（1）王瑶因为正在接听预约客人电话，而没有礼貌地示意客人稍等，服务礼节上有待加强。

（2）王瑶口头承诺了会员王××及4个朋友的预订，而且没有预订信息，前台会如何受理？

2. 实战演练

王瑶正在接待电话预订客人，帮客人查询预订信息，此时，办公室又进来2位"陌生客人"。

如果你是王瑶，将会如何处理？班级学生分组讨论，研讨并演示接待场景。

【作业与思考】

根据经典案例内容，你认为恰当的处理方式是什么？如何改进预订员的服务意识？

(三) 传真预订

传真预订是较为先进的一种方式，特点是方便、准确、正规、快捷，可以把客人的预订资料原封不动地保存下来，不容易出现纠纷。具体步骤如下：

1. 接收传真

关注预订台传真机是否有新的预订传真。收到传真信息，及时打上时间记号，然后进行分类（明确传真件中的信息）。

2. 查询核对

根据预订信息查询电脑，是否有符合客人要求的打球时间和场地。同时查询其他能满足宾客需要的相近时间，便于无法满足宾客需要时供宾客参考选择。

3. 联系宾客

(1) 问好，×××先生/女士，这里是××高尔夫俱乐部预订部，我姓×，很抱歉打扰您，非常感谢您预订我们的球场，现在给您做个电话回复确认！

(2) 如有符合客人的打球时间和场地，接受预订。

(3) 如传真上有未清楚的预订信息，应礼貌询问宾客确认清楚，如在某些方面与客人的要求不符，尽快与客人取得联系。沟通协调，介绍其他空闲时间和场地。

4. 填写资料

(1) 按规定填写预订单，在预订登记簿上进行标注。
(2) 将相关资料输入计算机并保存。

5. 确认预订

(1) 尽快回复传真，以确认客人的预订。
(2) 要正确使用客人的头衔与称呼，正确拼写客人姓名，内容要明确。

6. 存档

将客人的传真件存档保管，以备查询。

【注意事项】

(1) 每天上班后一定要检查传真设备是否处于良好的工作状态。
(2) 一定要熟练使用传真机，因为它是继电话之后使用频率最高的预订工具，若不熟练会影响预订效率。

【相关知识】

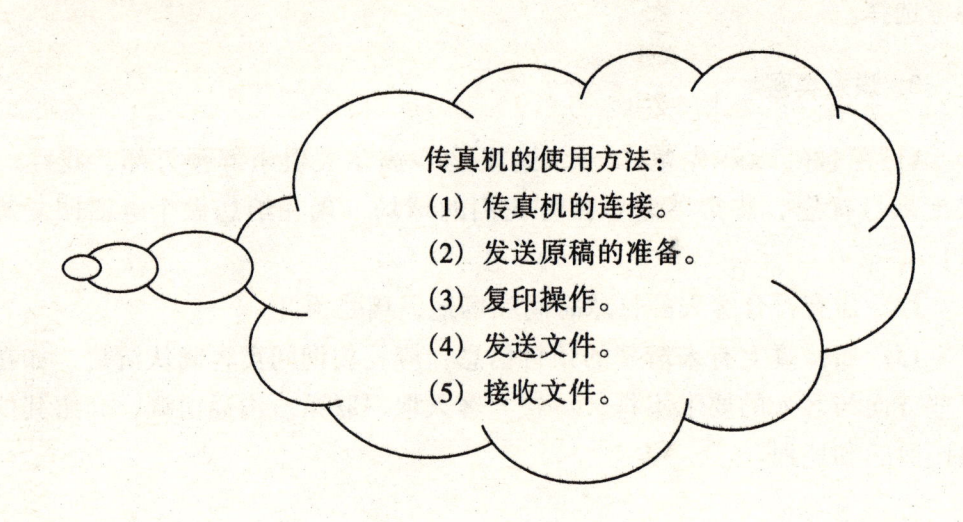

传真机的使用方法：
(1) 传真机的连接。
(2) 发送原稿的准备。
(3) 复印操作。
(4) 发送文件。
(5) 接收文件。

【经典案例】

预订传真没有收到

星期二早晨,王瑶接到前台电话,说有一位李先生来办理登记,但是没有查到李先生的预订信息。王瑶立即来到前台,李先生很不高兴,已经发送传真预订了,怎么会没有预订呢?王瑶突然想到,传真预订的人很少,这几天忙没怎么关注传真机。李先生要求必须按时下场。

1. 案例分析

预订员或前台每天上班后,一定要检查办公设备是否处于正常工作状态,是否有传真文件。此案例中由于工作人员疏忽,没能完成李先生的预订,应向客人表示歉意,并请稍等,然后及时报告相关领导协调解决,尽可能按照客人要求安排客人下场。

2. 实战演练

预订员王瑶收到××客人传真。分组讨论并练习处理此传真预订过程并填写预订单。传真显示内容:王明,3人,会员,2014.10.8打球,电话:13520000000。

【作业与思考】

(1) 熟悉传真的工作程序。
(2) 此项工作中应特别注意什么问题?到市场上调查传真、复印机等和预订相关常用设备的型号和使用,达到熟练运用。

项目二 更改预订

能力目标

能按照客人需求，根据预订更改流程，完成预订更改。

知识目标

1. 掌握更改预订的相关基础知识。
2. 熟悉更改预订的具体操作步骤。

素质目标

1. 培养接待服务技巧。
2. 培养随机应变、灵活处理问题能力。
3. 培养高尔夫服务意识。

根据会所的规定，会员可以在预约打球之前的一定时间内，更改预约时间的人数和打球时间等。员工在确认更改预约的会员身份后，应根据该会员的要求和电脑的提示，为其更改预约的时间或人数。

【工作引入】

张先生是××球会的老会员，一般都是提前预订。本来预订了5月3日14：00在A场打球，但是因为工作繁忙不能按预订到场，打电话给预订员要求改为5月4日8：00。

如果你是预订员，你该如何受理张先生更改预订事宜。

【任务分析】

球会中更改预订的情况时有发生，应根据客人需要和场地实际运营情况尽量满足客人需求，此时需要工作人员对预订进行调整。在更改预订时要尊重客人意愿，如不能满足要及时做出解释和其他信息介绍。预订结束还要及时更改预订信息，必要时通知相关部门或人员。

【操作步骤与标准】

更改预订在俱乐部中经常出现，其操作步骤一般包括接听电话、问询原预订信息、确认原预订信息、进行预订更改、确认、存档、感谢客人、通知其他部门等几个步骤。具体步骤如下：

1. 接听电话

（1）向客人问好：××高尔夫俱乐部，请问有什么可帮您的？
（2）如繁忙未及时接听电话应礼貌向宾客致歉。

2. 问询原预订信息

询问要求更改预订客人的姓名及原始预约打球的时间和人数。

3. 确认原预订信息

（1）如查到预订信息，应礼貌请宾客重复确认预订信息，并询问原因。
（2）如未查询到宾客的预订信息："很抱歉，×××先生/女士，我们未能查询到您的预订，请问您预订的是哪天的开球时间，我再仔细查询一下。"
（3）按客人提供其他的预订信息重新查询。
（4）如宾客提供其他预订信息后仍然查询不到，应再次向宾客致歉，并为宾客重新做预订。

4. 更改预订

（1）在确认新的打球时间前，先要查询球场预订情况。
（2）在有空闲打球时间的情况下，可为客人确认更改预订，填写预订单并修改计算机中登记的资料。

（3）更改预订记录和预订代理人的姓名及联系电话等。

5．确认

（1）重复更改后的预订内容，与客人确定。

（2）如客人需要更改的打球时间已有其他客人预订，应及时向客人解释。

（3）告诉客人预订暂时放在候补名单上。

（4）俱乐部有空闲打球时间时及时与客人联系。

6．存档

（1）将更改后的订单与原始订单钉在一起。

（2）按日期、客人姓名存档。

7．感谢客人

（1）感谢客人及时通知俱乐部。

（2）在结束更改服务之前，应向会员复述更改的内容，并提醒会员在新确认的时间提前 30 分钟到场办理手续等规定。

8．通知

将更改预订信息通知有关部门。

【注意事项】

（1）对于任何预订变更，要注意将更改后的订单与原始订单钉在一起，都要有记录存档，以便查询。

（2）对于变更预订的客人不要表现出"不满意"，必须对客人表示感谢。

（3）在结束更改服务之前，应向会员复述更改的内容，并提醒会员在新确认的时间提前 30 分钟到场办理手续等规定。

（4）在结束更改服务之后，要通知到每个相关部门，并做好通知记录，不能疏忽。

【相关知识】

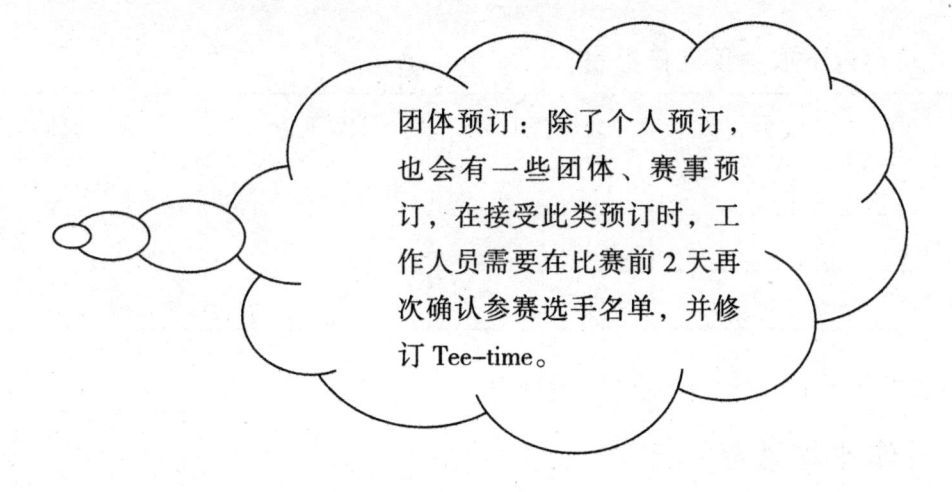

> 团体预订：除了个人预订，也会有一些团体、赛事预订，在接受此类预订时，工作人员需要在比赛前2天再次确认参赛选手名单，并修订Tee-time。

【经典案例】

"18"变成"19"

李先生5月15日在××高尔夫俱乐部预订了打球，时间为5月17日10:00，人数为3人。由于各种原因，李先生致电预订部，将打球时间变为18日并减少一人。王瑶查询预订表，发现18日没有空闲Tee-time。此时的王瑶已经经过一段时间的磨炼，比较熟悉预订流程，于是王瑶适时地推荐李先生19日10:00有Tee-time，而且上午清爽凉快，一定会取得好成绩，李先生非常开心地接受了新的预订。

1. 案例分析

（1）如客人需要更改的打球时间已有其他客人预订，应及时向客人解释。

（2）在结束更改服务之前，应向会员复述更改的内容。

2. 实战演练

填写以下取消预订日报表

部门	预订人	会员证号码	取消原因	取消时间

【作业与思考】

搜集几家不同高尔夫俱乐部的预订变更单进行比较，分析哪一份更便捷易于运作，并提出改进建议。

项目三 取消预订

能力目标

能按照客人需求，根据预订取消规定，完成预订取消。

知识目标

1. 掌握取消预订相关的基础知识。
2. 熟悉取消预订的操作步骤及有关服务技巧。

素质目标

1. 培养接待服务技巧。
2. 培养随机应变、灵活处理问题能力。

3. 培养高尔夫服务意识。

顾客预订了时间却不能赴约，就需要取消预订。预订取消和预订更改一样，也是按照会所规定在预约打球之日前的一定时间内取消预订。

【工作引入】

李先生在 5 月 15 日通过电话在铁岭龙山高尔夫俱乐部预订了一次打球，时间为 17 日 9:00 点，人数为 3 人。由于某种原因，李先生致电预订部取消预订单。

如果你是预订员，如何帮助李先生取消预订？

【任务分析】

预订更改或者取消都是球会常见的事情，工作人员一定要正面、积极面对，除了按照日常取消流程帮助客人取消预订，还应该对客人及时的通知表示感谢。

【操作步骤与标准】

取消预订操作步骤有接受客人信息、确认及建议更改、盖章存档、注销、发放回复函、感谢客人几个步骤。具体步骤如下：

1. 接受客人信息

（1）询问并核对要求取消预订客人的姓名、打球时间、人数。
（2）如果是口头或电话取消预订，一定要记录取消预订人的姓名、联系电话、单位地址，最好请对方提供书面证明，做到有据可查。

2. 确认及建议更改

（1）与客人确认预订已取消。
（2）探寻取消原因，建议客人进行预订更改或做下一阶段的预订。
（3）将取消预订的信息输入计算机。

3. 盖章存档

（1）找出原预订单或函电，分别盖上"取消"字样，在栏里注明取消日期、取消人姓名及取消理由，并由受理人签字或短信确认。
（2）将取消预订单放置在原始订单之上，钉在一起。

4. 注销

立即在预订薄上注销。应记载取消预订的编码，同步更改计算机内的预订记录并为有其他需要的客人提供此时间段的预订工作。

5. 发放回复函

发放回复函，由预订部经理或主管审阅签发。

6. 感谢客人

感谢客人及时通知俱乐部。

【注意事项】

（1）对取消预订的客人，一定要询问清楚，是取消本人的预订还是代替他人取消预订，若代替他人取消预订，一定要提供有效的书面证明材料，以免出现意外，有据可查。
（2）虽然取消预订会带来一些麻烦，但同样要对客人表示感谢，不要难为客人，以争取下次客人有需求时再来。

【相关知识】

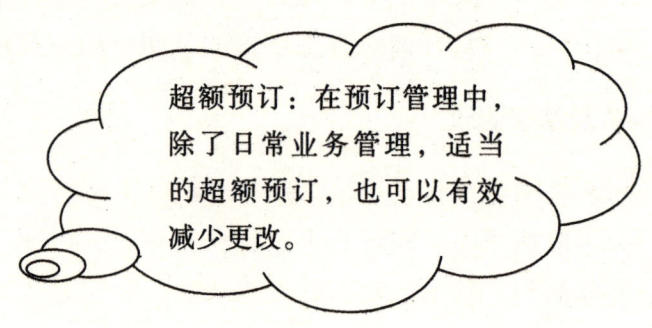

> 超额预订：在预订管理中，除了日常业务管理，适当的超额预订，也可以有效减少更改。

【经典案例】

健忘的预订员

王先生在4月15日通过电话在铁岭龙山高尔夫俱乐部预订了一次打球，时间为5月3日9:00点，人数为3人。

5月1日正值打球高峰期，再晚预订就很难定到场了。由于某种原因，王先生5月3日不能来打球了，于是王先生在5月1日致电预订部取消预订。

刚放下电话，王瑶就接待另外几位客人，于是就把王先生取消预订的事忘记了，而且未能及时通知其他部门。到5月3日前台主管发现客人没来登记开卡，致电预订部，王瑶才想起王先生取消预订的事。

1. 案例分析

（1）客人取消预订时要适当询问取消原因，建议客人进行预订更改或做下一阶段的预订。

（2）取消预订后要将取消预订的信息输入计算机，并告知相关部门。

2. 实战演练

由于很多客人取消、更改预订，导致很多空场，公司要求王瑶等加以改进工作效果。分组讨论避免或减少此种现象的方法，各组代表发表观点。

【作业与思考】

对于取消预订的客人在语言上有何技巧，能够为客人留下良好印象，使客人下次有预订需求时会第一时间选择本俱乐部，成为潜在客户。

模块二　迎宾服务

迎宾服务一般包括会所门口的接包服务和会所内设立的迎宾服务。接包员主要负责接打球客人的球包、系好球包卡及将球包送至出发站。会所内设立的专门迎宾服务由专职迎宾员负责，主要接待所有来到会所的客人，负责咨询、引导客人，有时需要迎接参加比赛、宴会、会议等而来会所的宾客，接包员和迎宾员相互合作。有的俱乐部不设立迎宾岗位，由接包员单独负责接包和迎宾服务。

项目一　接包服务

能力目标

能主动相迎并为客人提供卸球包、清点用品、填挂包牌、球包送出发台等服务。

知识目标

掌握接包服务的礼仪、标准、技能。

素质目标

1. 培养学生万事从小做起，关注细节。
2. 增强学生客户至上理念。

接包员一般在俱乐部专门设置的接包处，主要负责迎接打球客人、接过客人球包、填挂球包卡及将球包送至出发站。

【工作引入】

2014 年 9 月 20 日，××高尔夫俱乐部运作总监匆匆忙忙跑到接包处，对正在值班的接包员小李说，一会儿王董事长要带他的几位外国好友来打球，你们快做好准备。

【任务分析】

小李作为接包员中的一员，接到重要客人即将到来的通知，需要立即做好接包前的准备工作，而且要组织好同班接包的人员，为客人提供专业服务。

【操作步骤与标准】

接包步骤主要包括主动迎接客人、帮客人卸下球包、清点客人用品、填挂球包牌、送至出发站 5 个步骤。具体步骤如下：

1. 主动相迎

（1）接包员穿球会规定服装，站在出发站附近或会所门口。
（2）接包员必须精神饱满、站姿整齐、面带微笑。
（3）接包员应主动问候并迎接客人：先生（小姐或女士），您好！

2. 卸下球包

应在不妨碍客人的情况下，为其开车门，帮助客人卸下球包，注意轻拿轻放，避免球包磨损或划伤。

3. 清点用品

卸下球包后，应立即当客人面清点球包中的球杆数及其他物品并请客人确认，如有客人提出疑问，必须及时与顾客沟通。

4. 填挂包牌

待到客人确认后,第一时间给客人点杆卡,同时将另一张相同号码的包牌挂在球包显眼处,并请客人保管好球包牌。

5. 送出发站

(1) 告知客人球包将送到出发站,离开时凭牌在此取包。
(2) 指引客人到前台登记。
(3) 检查球包并确认具体物件,将球包送到出发站指定球包架处。

【注意事项】

(1) 客人到达时,立即用对讲机通知出发站到达人数。
(2) 客人下车后,可以提醒客人打球用具是否带全,如球、球梯、帽子等,并轻关车门。
(3) 接包过程中,如有两位及以上客人时,要对客人的球包信息做到大致掌握,以避免拿错、弄丢情况发生。
(4) 接包时要轻拿轻放,避免客人球包在搬运过程中损坏。
(5) 接包之后要迅速将球包运送至出发站,按顺序摆放在出发站的包架上。
(6) 如果客人走之前提出存包的要求,接包员可代出发员或球包管理员办理存包手续,并做好交接登记。
(7) 客人临走时,接包员须热诚地向客人道别:"先生/女士,欢迎再次光临,再见"。

【相关知识】

团队接包流程

(1) 当团队到达后,先问清领队球包数量(接包员要亲自确定数量)。

然后数好点杆卡统一做好记号，如16人的团队就在点杆卡上、下联分别注明"16A"或"16B"，将下联统一交给领队并让其在《团队球包登记表》签名。

（2）将同一个团队的球包统一放在一起，清点好数量（包括球包）、挂好点杆卡后送到出发站，并在可能的情况下询问领队能否把球包套放回车上，以防止球包套遗失。

（3）同一团队的球包回场后要统一摆放在一起。当团队要离开，先到前台收银处问其是否已结账，结账后清点好球包数量再将全部球包装上大巴车。

（4）针对团队一定要认真做好交接班，确认球包数量及完成当班时所遗留的问题。

（5）一般团队都是提前预订，时间、人数、分组情况都是预知的，所以在预订时间提前至少1小时准备好迎接和接包准备工作，如球童列队欢迎、球包牌或点杆牌准备、姓名贴（可与领队沟通提前贴上球员姓名，便于按分组表提前完成绑包）、接包车准备等。

（6）团队接送包时提前安排一名负责人，专门负责调度工作，与出发区负责人保持及时沟通，保证球包运送及时、准确、有序。

【经典案例】

谁动了我的杆头套

一位客人到达会所后将球包交给了接包员，接包员清点物品时客人没有细听，待客人打完球回场结账时，突然发现1号木杆头套不见了。客人很不高兴地指着球包说"我的杆头套不见了，我要你们球会负责！"

球童听罢感到很委屈，于是辩解道："我在清点物品时，已经向您如实汇报了球杆数量和杆头套数量，您也点头确认了。"

客人一听就恼火起来："明明是你丢的，自己不承认反而咬我一口，我要向你的上级投诉。"

这时前厅值班经理听到有客人在发脾气,于是立即走过来向客人打招呼,接着耐心听取客人的投诉,同时仔细观察球包内物品,然后对客人说:"我代表球会向您表示歉意,这件事自然应该由我们负责,请您提出赔偿的具体要求。"

客人听了这话,正在思索讲些什么的时候,前厅值班经理接着说:"由于您及时让我们发觉了服务工作中的差错,非常感谢您!"

客人此时感到为了一个杆头套,没有必要小题大做,自身也感到有点不好意思外,这个球童服务水平还是不错的。这时前厅经理便顺水推舟,和球童一起送客人上车,彼此握别,了结一桩投诉赔偿的公案。

1. 案例分析

(1) 在卸下球包后,应立即当面清点球包中的球杆数,如有客人提出疑问,必须及时与顾客沟通。

(2) 待到客人确认后,第一时间给客人球包牌,同时将另一张相同号码的包牌对挂在球包显眼处,并请客人保管好球包牌。

(3) 指引客人到前台登记,告知客人球包将送到出发台,离开时凭牌在此取包。

(4) 在遇到客人球包内物品丢失情况时,要冷静处理,首先要表示抱歉,帮助客人寻找,必要时请求上级领导处理。

2. 实战演练

以上述工作引入情景为例,分组分别扮演运作总监、接包员(4名)和王董事长一行客人(包括3名外国人),各组再选1名学生给其他组评分,要求说出所评分数理由。

【作业与思考】

球包牌(或球包卡)一式两份有何益处?有些俱乐部一式三份,讨论其必要性。

项目二　迎宾服务

能力目标

1. 能为客人提供适度、热情、优质的迎宾服务。
2. 能为宾客提供适时的信息和指引服务。

知识目标

掌握迎宾服务的礼仪、标准、技能。

素质目标

1. 培养微笑服务意识。
2. 在迎宾工作中增强吃苦耐劳精神。
3. 培养关注细节、灵活适度、用心服务的职业素养。

会所内设立的专门迎宾服务由专职迎宾员负责，主要接待所有来到会所的客人，负责咨询、引导客人，有时需要迎接参加比赛、宴会、会议等而来会所的宾客，接包员和迎宾员相互合作。

【工作引入】

2014年6月10日，××高尔夫俱乐部举行会员月例赛，小徐是球会的迎宾领班，当天全面负责迎宾工作。小徐在6月9日提前安排好两名迎宾员并进行了相关事宜的培训，专门负责接待参加比赛的会员。

【任务分析】

此任务是迎接比赛人员，到场人员比较集中，需要迎宾员灵活应对。小徐作为迎宾领班，需要合理分配迎宾员，与接包员合作完成此次迎宾工作。

【操作步骤与标准】

迎宾服务包括迎接客人、会所门口环境整理、介绍会所设施及服务、送别客人4方面内容。具体步骤如下：

1. 迎接客人

（1）迎接程序及标准：欢迎、协助拿行李、引领至前台、看管行李、等候客人、登记后接待、指引路线、返回大厅。

（2）迎宾员穿着会所规定服装，站在会所内距门口较近处。

（3）车到会所正门处，迎宾员应及时举手示意，待车停稳后，迎宾员左手拉车门，右手护顶，为了方便客人下车，要尽量大幅度地拉开门并保持该状态，直到客人下车后向客人问候。

（4）协助接包员帮助客人从车中将行李卸下来，并请客人确认行李物品的件数，待客人确认后，迎宾员应迅速扫视车内，确认宾客没有物品遗留于车上后，再将车门轻轻关闭，关闭车门力度要适当，并指示司机将车开走。

（5）迎接因参加比赛、宴会、会议等而来会所的客人时，应迅速记住来客姓名及所乘车辆，尤其要留意引导泊车及叫车事项，确保不出差错。

（6）迎接载有团队宾客的巴士时，应立即同行李员取得联系，做好搬运行李的准备。同时应将装载团队客人的大型车辆引导至不妨碍其他车辆出入的位置。

2. 会所门口环境整理

（1）迎宾员对道路的交通情况要了如指掌，更应把握车辆出入状态及停车场的状况。要及时对司机发出正确的指示。

（2）对行李车、雨伞架这些备用品应经常予以整理。行李车放于固定位置，晴天应将雨伞架移到不显眼之处。

（3）迎宾员要保持高度的警惕性，要留意行为可疑人员的行动。一旦发现上述人员进入，应立即与领班联系，请他们派人观察，同时与保安人员联络，采取切实可行的应对措施。

3. 介绍会所设施及服务

（1）迎宾员应熟悉了解球会各项营业设施、场所分布、营业时间、当天的主要接待安排事项等资讯。正确引导客人至将要出席的会议或宴会场所和到达相应的区域进行消费。

（2）迎宾员要了解球会周边环境和主要配套设施、交通情况等，为客人提供适时的信息服务，做到有问必答，答必正确。

4. 送客

（1）送别客人程序及标准：站在大门附近、接指令、协助拿行李、道别、返回大厅。

（2）在客人离开时，请客人确认行李件数，协助行李员将行李物品装上车。

（3）在送别客人时，要向后撤离车体两步，然后行注目礼。

【注意事项】

（1）迎接步行来会所的客人时，要主动、热情、面带微笑地向客人点头致意，同时致以问候或欢迎语，并用手势指引方向，为客人拉门。

（2）迎接乘车来会所的客人时，待车辆停稳后，在确认车辆前后安全的情况下，将车门打开，躬身问候，同时一手为客人打开车门，一手护好车门上沿，防止客人下车时碰到头（如果是出租车，应等候客人付完车费再关上车门）。

（3）下雨天，主动打伞接应客人下车。

（4）迎接参加比赛、宴会、会议等而来会所的客人时，要提前做好相关准备工作，以免多人同时到来工作混乱。

（5）引领客人时，要走在客人的左前方，距离两三步（或与客人并行），和着客人的脚步走，拐弯处或人多时，要回头招呼客人。引领客人途中，要热情主动地问候客人，向客人介绍会所服务项目和设施，推荐会所的商品。

【相关知识】

1. 迎宾礼仪

（1）微笑欢迎、鞠躬问好：对抵达会所的客人以微笑点头表示欢迎并同时鞠躬问好："早上好/中午好/下午好/晚上好！欢迎光临。"如果客人的行李较多，应主动帮客人将车上的行李卸下，并点清行李件数。

（2）动作有礼：迎宾员动作应及时、轻稳，并且有礼貌，必要时帮助客人或行李员提拿行李等物品。

（3）引导客人办理手续：引导客人到登记处办理住宿手续。客人办手续时，应在客人身边等候。引领客人时，要走在客人二三步远的左前方，步子要稳。

- 走廊的引导方法——接待人员在客人二三步之前，配合步调，让客人走在内侧。
- 楼梯的引导方法——当引导客人上楼时，应让客人在前，接待人员在后，若是下楼时，应由接待人员在前，客人在后。
- 电梯的引导方法——引导客人乘坐电梯时，接待人员先进入电梯，等客人进入后关闭电梯门，到达时，接待人员按"开"钮，让客人先走出电梯。
- 客厅的引导方法——当客人走入客厅，接待人员用手指示，请客人坐下，待客人坐下后，行点头礼离开。如客人错坐下座，应请客人改坐上座（一般靠近门的一方为下座）。

（4）引导客人时的礼仪：遵循以前为尊、以右为大，以及女士优先为原则。接近门口或电梯口时，员工应超前为客人开门，请客人先进，出门时亦同。

主动征得客人同意后为其提行李。

三人同行，以中为尊，右边次之，左边为末。

2. 迎宾服务 10 要素

（1）一个宗旨：顾客是上帝、回头客。

（2）两个态度：用心、微笑。

（3）三让、三轻：让座、让路、让电梯（楼梯）；走路轻、说话轻、动作轻。

（4）四勤：眼勤、口勤、脚勤、手勤。

（5）五净：工服净、个人净、布草净、服务用品净、环境净。

（6）六到、六一样：客人到、微笑到、热情到、欢迎到、敬语到、服务到。外客和内客一个样、生客与熟客一个样、闲时与忙时一个样、检查与不检查一个样、领导在场与不在场一个样、宾客态度不同服务一个样。

（7）七声：欢迎声、问候声、敬语声、致谢声、道歉声、回答声、送客声。

（8）八服务：站立服务、微笑服务、主动服务、敬语服务、灵活服务、亲情服务、推销服务、跟踪服务。

（9）九规范：服务要规范、仪表要规范、站立要规范、蹲姿要规范、手势要规范、语言要规范、引导要规范、待客要规范、技能要规范。

（10）十主动：主动迎送、主动打招呼问好、主动待客引路、主动介绍情况、主动为客人服务、主动推销、主动照顾老弱病残、主动提行李、主动按电梯、主动征求宾客意见。

【经典案例】

漂亮女士为什么不开心

在一个风和日丽的上午，我们球场迎来了"全明星"球队的月例赛。迎宾员小李、小王穿着整齐的迎宾礼服，心情愉悦地接待一批一批前来参赛的明星球员，引领他们到前台办理登记手续，帮助他们搬拿物品等。一辆红色的奔驰越野车向会馆大门驶来，司机准确地把车停靠在会馆大门口，迎宾员小李以优雅的姿态和职业性的动作，先打开车的后门，做好护顶姿态，从车里下来一位漂亮的女士，接包员为女士接过球包后，迎宾员小李注视着客人，致以简短的欢迎词，动作快捷规范，无可挑剔。这位女士一看就属于雷厉风行型,点头示意一下便径自往前台走去,小李快步跟上。到前台出示证件时,客人看着小李手上的行李,"我的小包呢?"女士明显感觉不开心,而迎宾员小李则不知所措。

通常,迎宾员协助接包员或行李员帮助客人拿球包、行李,为客人指引方向。为什么漂亮女士会不开心了?迎宾员小李百思不得其解。

1. 案例分析

(1) 迎宾员小李没有确认客人行李物件是否带齐,缺乏在服务工作中所应当具备的反应能力。
(2) 迎宾员应根据不同类型客人性格,灵活迎接客人。
(3) 指引客人前进方向,应在客人左前方。

2. 实战演练

将上述经典案例排练展示,分组练习迎宾过程和标准。

【作业与思考】

调查你所在城市3星级及以上酒店的迎宾员服务标准,并与所在城市球会迎宾员标准进行比较,总结出如何才能做一名受客人爱戴的高尔夫球会迎宾员。

模块三 前台服务

会所前台作为会所涉外窗口,需经常性地与客户接触,具有较重大的责任。前台接待直接代表会所形象和服务质量,因此,前台接待必须严格遵守接待工作规范。反之,则会给会所形象造成严重的不良影响。前台服务包括前台登记、贵重物品存取、委托代办、结账等服务内容。

项目一　前台登记

能力目标

能够根据前台登记流程，运用接待礼仪，快速为客人进行登记。

知识目标

1. 掌握为客人登记的流程。
2. 掌握不同身份客人的接待方法。

素质目标

1. 掌握电话沟通技巧，学会微笑服务。
2. 服务过程中能够注重接待礼仪、电话礼仪等。

登记是会所掌握顾客信息的基本环节。无论是会员、嘉宾、访客，无论有无预订，要下场打球都必须履行登记手续。

【工作引入】

2014年6月1日9:00，两位先生来到龙山高尔夫俱乐部前台，他们是来参加铁岭某项目招标的商人，事先没有预订，也不是会员，他们今天来就是想放松一下心情和朋友打一场球，前台服务员查询后正好13:00有Tee-time。

作为前台工作人员，你如何为两位客人进行前台登记？

【任务分析】

客人达到前台时，服务人员要询问客人身份及是否预订，对于这种未预订的客人，要根据球场空余开球时间尽量满足客人的要求，同时兼顾收益。

【操作步骤与标准】

登记的依据是预定表，手续要尽量简便。当客人登记时首先要询问是否有预定，若有，应迅速查阅预定信息，并复述其主要内容，如开球时间、同组人数、会员及嘉宾情况等。对客人的一些个性化要求，如指定球童等，及时予以满足。具体步骤如下：

1. 问候

（1）问候客人：如"××先生，早上好。""欢迎光临××会所，我能帮您做点什么？"

（2）如果前台接待员正在打电话，应该向电话里的客人道歉："请您稍等"，然后问候刚抵达的客人，"先生，请问您需要什么服务？"

2. 确认身份

（1）对熟悉的会员，礼貌询问会员卡号并核对身份。

（2）对不熟悉的客人，礼貌询问其是否为会员身份，如果是会员，请其出示会员卡。

3. 确认预订

（1）如果客人已预订，一般会说："我已预订……""我叫……"这时接待员应帮客人查询预订信息并核对。

（2）对于未经预订而直接抵达的客人，应根据现场空闲开球时间为客人办理手续，若无 Tee-time，应礼貌告诉客人并征询其是否愿意等待到有 Tee-time 时再下场。

4. 开消费卡

（1）请客人在签到簿上签到。

（2）在消费本上填写球包卡号及更衣柜号。

（3）将消费本放入消费本皮套并双手将其与更衣柜钥匙交予顾客。

5. 祝客人打球愉快

（1）祝客人打球愉快。
（2）为客人指引更衣室方向。
（3）若客人无需更衣可指引其至出发站或其他消费点。

6. 登记

（1）将客人登记的相关信息输入电脑。
（2）根据客人身份勾选费用选项。
（3）核对后退出系统。

【注意事项】

（1）前台员工要熟记会员姓名和头衔，并随时热情称呼。
（2）登记手续要尽量简便，避免客人等候时间过长。
（3）对客人一些个性化的要求，如指定球童等，及时予以满足。
（4）涉及到灯光球场的Tee-time，需礼貌提醒将产生相应的灯光费。
（5）对于VIP客人要提前做好登记前的准备，按礼遇规格接待。
（6）对于欠年费等的特殊会员登记时，应礼貌地提醒会员先到会员部办理有关手续。
（7）区分节假日和平日的收费标准。
（8）会员携带的嘉宾数最多只能是3位。

【相关知识】

接待不同身份客人的服务要点

1. 会员的接待

会员是会所的主人，在会员登记时应尊重会员。为了保护会员本身的合法权益不被侵犯，只有会员本人才能签名领取专供会员使用的会员IC消费卡。将会员姓名及证号输入电脑，根据电脑的提示及显示出的会员资料对其身份进行核对。强调结账时会员本人必须到场才能享受会员待遇。所有以会员名义登记产生的消费最终都要记入该会员的名下并由其支付。

以下情况要请会员本人前来办理登记手续：

（1）预约会员姓名与实际来场登记的会员姓名不相符时，不得入场。

（2）会员的姓名没有变更，但嘉宾的名字有所变更，只要会员/嘉宾的比例符合会所有关规定，可以允许其登记入场。

2. 嘉宾的接待

当嘉宾前来登记时，预约会员必须到场，经核实会员及嘉宾姓名、资料后，会员/嘉宾比例符合规定时，工作人员为其办理嘉宾登记手续，签名领取嘉宾专用IC消费卡，并提醒嘉宾在离场前交回此卡。虽嘉宾名不符，但会员/嘉宾比例符合规定时仍可办理登记。

（1）出现会员/嘉宾比例不符合规定情况时，工作人员只能为部分人办理嘉宾登记及发嘉宾IC卡。

（2）当出现不符合入场规定的嘉宾时，工作人员应按会所有关规定，在征得会员同意的前提下，请嘉宾放弃或按访客标准安排在其他组。

（3）预约会员没有到场，只有嘉宾到场，工作人员不能为嘉宾办理登记及发IC卡。

3. 其他人员的接待

其他人员主要指会员、嘉宾以外的赛事团体、VIP接待客人和旅行团及其他特别批准的嘉宾。工作人员核对完该类人员的资料后，办理登记手续，领取嘉宾IC卡，提醒其按指定时间、球道下场。

4. 不入场人员的接待

是指会员、嘉宾或团体不入场打球的亲朋好友的安排。工作人员应热情、周到地为客人提供球场服务设施指引，包括消费项目的价格（会员价、嘉宾价）和详细服务内容，包括练习场、餐厅、泳池、网球场等各类娱乐服务项目。

【经典案例】

多了一位嘉宾

张瑶是某高尔夫会所前台的新员工，今天她第一天上班，提前半个小时到达工作岗位，做好上岗前准备后，跃跃欲试地等待着工作的开始。8:30，三位客人来到前台。张瑶询问客人身份后了解到，这是一位预订了 9:00 来打球的会员刘先生和其带来的两位嘉宾。她将刘先生的会员号输入电脑查询，发现刘先生预订了今天 9:00 带一位嘉宾来打球。

张瑶想起主管在培训时说要严格按照预订信息为客人登记，于是她礼貌的对刘先生说：“很抱歉，刘先生，您预订的是今天 9:00 带一位嘉宾来打球，按照会所的规定，您的朋友只能有一位享受嘉宾价格。”

刘先生："我是你们的老会员了，这点特权还没有吗？只是多带了一个人而已，有什么不可以的？你是新来的吧？不行找你们经理！"

张瑶："是的，刘先生，我是新来的，但既然您是我们的老会员，肯定比我更了解咱们会所的规定，您尊贵的会员身份允许您的嘉宾享受优惠，但您今天预订的是一位嘉宾，我必须按照预订信息为您进行登记，这是对您也是对其他客人负责，您说对吗？如果您需要找经理，那我可以帮您联系。"

刘先生想了想："算了，那就这样吧。"

1. 案例分析

客人到前台登记时要询问客人是否有预订，如有预订要详细核对预订信息，避免在结账的时候出现问题。有问题需要跟客人沟通时语言要礼貌得体，避免会所形象受到影响。

2. 实战演练

两位预订 9:00 打球的客人来到前台,前台工作人员为其进行接待服务。两名学生扮演客人,一名学生扮演前台人员,要求前台人员按照标准的接待流程及礼仪规范为客人服务。

【作业与思考】

1. 预约会员姓名与实际来场登记的会员姓名不符,如何处理?
2. 对于不入场打球的客人该如何接待?
3. 如何提高服务质量使客人到达会所能够体验宾至如归的感受。

项目二 贵重物品存取服务

能力目标

能够根据贵重物品寄存服务流程为客人寄存贵重物品,正确填写寄存单,保证客人领取贵重物品时不出错。

知识目标

1. 掌握为客人进行贵重物品寄存服务的流程。
2. 掌握填写寄存单的方法。

素质目标

1. 掌握一定的沟通技巧,学会微笑服务。
2. 遵守服务行业规定,注意服务规范。

贵重物品是指会员及其他球员要求前台在打球期间为其保管的钱包、

护照、手表或其他价值较高的物品。员工在接受保管客人的贵重物品时，应遵循操作程序。

【工作引入】

刘先生从更衣室里出来，忘了把手表放进更衣室的柜子里。此时他已经离开更衣室，且与其同组的朋友正在会所门外等待。如果折回更衣室存放手表免不了耽误时间，于是刘先生打算把手表寄存在前台。

如果你是前台服务人员，该如何为刘先生办理？

【任务分析】

前台工作人员在为客人进行贵重物品存取时一定要严格按照操作步骤进行，避免因疏忽造成客人或会所损失。

【操作步骤与标准】

一般情况下，客人会将随身携带的贵重物品锁在更衣室的柜子里，但有些客人携带的贵重物品不方便放在更衣室，或在离开更衣室后发现有物品忘记放入更衣柜内，例如，手表、手机等，于是把这些物品寄存在前台，因此前台需要按照贵重物品存取流程为客人提供存取服务。具体步骤如下：

1. 寄存

（1）客人要求寄存贵重物品时，向客人询问登记号码、姓名等。
（2）礼貌地向客人询问所要寄存物品的种类，并向其说明易燃易爆物品、易碎易腐物品和违禁品不能存放。

2. 填写寄存单

（1）请客人填写一式两份（或上下联）的贵重物品寄存单，或由客人口述，服务人员在填完后请客人过目并认可。

(2) 贵重物品寄存单一式两份，一份（下联）交给客人作为取贵重物品的凭证，并告知客人凭此领取所寄存物品，另一份（上联）粘贴在贵重物品保管袋或悬挂在客人寄存的行李上。

(3) 做好贵重物品暂存记录。

3. 提取物品

(1) 客人取回贵重物品时，请其出示寄存凭证，然后与寄存的贵重物品核对。

(2) 请客人在贵重物品寄存记录上签名，并核对客人在贵重物品寄存单上的签名笔迹，核对无误后，将贵重物品提交给客人。

(3) 若客人需等待片刻，按寄存单上的姓名称呼客人，请客人稍等。

(4) 若客人不小心遗失"寄存单"，按以下方法处理：
- 应适时安慰客人。
- 请其告知贵重物品的特征、存入日期。
- 回贵重物品保管房仔细寻找。
- 找到后，请客人出示有关证件，抄录证件号码，登记在"行李寄存本"单上。
- 客人签名后，将贵重物品交还给客人。

(5) 如非客人本人领取，请领取者出示证件，并登记证件号码，否则不给予寄存物品。

【注意事项】

(1) 客人提取贵重物品时，必须认真核对"贵重物品登记卡"。

(2) 对非本人提取贵重物品时，不仅要代取人出示证件，还要注意观察提取贵重物的客人，以免造成工作疏忽。

(3) 对于客人临时存放的贵重物品，一定不要与其他客人的贵重物品混在一起，以免发生错拿、错取的现象。

【相关知识】

前台不能进行存放的物品

(1) 爆炸品：如雷管、炸药、导火索、鞭炮、烟花、打火机等。
(2) 易燃液体：如汽油、煤油、酒精、香蕉水、松节油、油漆等。
(3) 易燃固体：如硫黄、油布及其制品等。
(4) 压缩气体类：如打火机气体、液化气等。
(5) 易自燃的物品：如黄磷等。
(6) 毒害物品：如砒霜、敌敌畏等。
(7) 腐蚀性物品：如盐酸、硝酸、双氧水等。
(8) 放射性物品。
(9) 氧化剂类物品。
(10) 遇水燃烧物品：如金属粉、金属钠、铅粉等。
(11) 国家法律法规禁止流通的物品。
(12) 反动报刊书籍宣传品及淫秽物品。
(13) 容易腐烂的物品。
(14) 各种活的动物等。

【经典案例】

冒名顶替

张瑶为刘先生办好了登记手续后，刘先生要求将他的一个行李箱进行寄存。张瑶将一式两份的"贵重物品登记卡"填好后交给刘先生签字，一份交给刘先生，一份挂在他的行李箱上。办理完这些手续后，刘先生就下场打球去了。

一个小时以后，一位自称刘先生朋友的陈先生来到前台，说要替刘先生取其寄存在前台的物品。张瑶请张先生出示刘先生的有效证件，张先生拿出刘先生的身份证，张瑶核对后请张先生出示自己的有效证件。

张先生："我没带证件，我是帮他取，拿他的证件不就行了？"

张瑶："抱歉，陈先生，我们俱乐部规定替其他客人提取贵重物品的客人必须提供有效的身份证件，这是对客人的负责，请您谅解。"

张先生有些不耐烦："快点给我得了，我还有急事呢！"

张瑶："不好意思先生，我必须按照规定操作，请您谅解。"

张先生瞪了她一眼，转身走了。

整个上午张瑶对这件事情一直耿耿于怀，她按照规定办事，可是客人却生气了，她不知道自己做得到底对不对。

不久，刘先生来到前台，拿出"贵重物品登记卡"的下联提取他的行李，张瑶一边请刘先生在贵重物品寄存记录上签字并核对笔迹，一边对刘先生说："真抱歉，刘先生，刚才您的朋友来提取您的行李，拿着您的身份证却没有出示自己的有效证件，按照俱乐部规定，我没将您的行李交给您的朋友，请您理解。"

刘先生惊讶地说："我没让我的朋友来取行李啊！"

张瑶也很惊讶："可是他拿着您的身份证，说是您的朋友，姓张。"

刘先生："跟我一起来的朋友没有姓张的……我的身份证……哎呀，刚才打球的时候丢在球场里了吧，刚才就在上衣口袋里……"

经过调查，那位自称张先生的人在球场里捡到刘先生的身份证后假装刘先生的朋友到前台提取贵重物品，幸亏张瑶没有将行李给他，否则会对客人及会所都造成损失。

1. 案例分析

客人提取贵重物品时，一定要仔细核对签名；有人代领，一定让其出示物品主人的证件及代领人的证件，避免冒名顶替，给客人及会所造成损失。

2. 实战演练

一名学生扮演客人刘先生，一名学生扮演前台人员，要求前台人员按照标准的贵重物品存取流程及礼仪规范为客人服务。

【作业与思考】

（1）前来领取贵重物品的客人的签名与保管袋上的签字不符如何处理？

（2）工作人员交班时，发现有未被取走的贵重物品如何处理？

项目三　委托代办服务

能力目标

能够根据各种委托代办事项的办理方法及流程，为客人提供如订餐、订票、接送等服务。

知识目标

1. 掌握接送飞机的流程。
2. 掌握接送飞机的操作规范。
3. 掌握有其他委托代办服务的工作内容。

素质目标

1. 通过模拟接送机服务，掌握相关服务礼仪。

2. 培养语言沟通及组织协调能力。

委托代办服务是会所为客人提供的方便服务。它为客人解决后顾之忧，保证客人安心打球、尽情享受。委托代办服务涉及顾客所需要的广泛的服务内容，凡是不违背法律和社会道德的服务，都是服务的范畴。

【工作引入】

一天早上，前台工作人员张瑶接到郑先生的电话，他跟他的朋友13：00到达沈阳桃仙机场，要求会所安排车辆接机。张瑶联系了会所行政办公室并说明这一情况，但会所的接送车辆今天均有其他接送任务。

如果你是张瑶，你该如何处理？

【任务分析】

接机服务是前台委托代办服务中最常见的一种，会所会安排相关车辆从事此工作。但当会所车辆全部有接送任务的时候，前台工作人员要及时与客人沟通，并及早联系出租车辆，避免让客人等待。

【操作步骤与标准】

会所前台除了日常的登记、结账、贵重物品存取等工作外，还向客人提供委托代办服务，在客人不方便或不愿亲自处理一些事情时，前台可为其提供例如问询、订房、订票、接送等服务，为客人提供方便，提高会所服务质量。具体步骤如下：

1. **接机**

（1）收到接机通知，查询此航班到港时间并制作接机牌。
（2）如有接机客人联络方式务必先联络客人并约定等待出口。
（3）查询时间后对照时间表安排车辆进行接机准备。

（4）在安排接机行车线路检查车辆安全以后提前 40 分钟到达机场。

（5）到达机场后首先到机场大厅查询接机航班的准确时间。

（6）在机场大厅接到所接飞机落地通知后，在商定出口处等待客人。

（7）接到客人后先向客人问好并帮助客人接行李。

（8）带领客人到停车处请客人上车并将行李放入后备箱。

（9）按照之前安排好的线路把客人安全的送达目的地。

（10）如客人要先到公司或者先办公事则送到目的地后等待客人。

（11）客人办完事后询问其所到目的地并送达。

2. 送机

（1）收到送机通知后确定送机时间并安排送机线路。

（2）安排送机车辆及送机人员并检查车辆。

（3）通知送机客人出发时间。

（4）接到客人并将客人行李搬运上车。

（5）按照安排送机线路安全准点把客人送到机场送机口。

（6）帮助客人把行李搬运下车并跟客人道别。

（7）送完机后安全回到公司。

【注意事项】

（1）合理安排接机时间和行车线路，有效避开拥堵道路。

（2）接机时务必避免让客人等的局面。

（3）带领客人到停车处时让客人在后并保持 1 米左右距离。

（4）如交通拥堵则适当调整行车线路。

（5）了解机场登机制度有效安排客人出发时间。

（6）如客人要预先换登机牌，则及时安排人员到机场换登机牌并在机场等。

（7）了解客人所飞的城市，到机场后尽量把车停在靠近送机口的地方。

【相关知识】

前台提供的其他委托代办服务及基本流程

1. 通讯服务
（1）代办电报业务时请客人填写姓名、内容、通讯地址。
（2）预收费用，按客人要求至邮局完成。
2. 问询服务
（1）制作详尽的咨询资料库。
（2）回答需清晰、准确。
（3）寻求内外部协作。
3. 快递服务
（1）了解邮寄物品种类、重量、目的地。
（2）向客人说明有关违禁品的邮政限制，如果是国际快递，向客人说明海关限制、空运限制、国际托支单的填写事宜等。
（3）提供打包盒托运一条龙服务，联系快递公司上门服务，并记录托运单号码，将托运单交给客人后收费。
（4）贵重或易碎物品请专业托运公司操作。了解承接 24 小时紧急托运业务的专业公司。
4. 旅游服务
（1）建立景点信息。
（2）设计并推荐旅游线路。
（3）告知乘车地点及准确时间。
（4）信息及注意事项写于客人确认件上。
5. 订房服务
（1）了解客人预订要求。
（2）明确预订担保条件。

(3) 明确付款方式。
(4) 按要求订房。
(5) 与宾客确认所订房间信息。
(6) 如有等候预订，向客人说明。

6. 订票服务
(1) 了解票务代理、戏院、音乐厅的地址、联系电话、联系人。
(2) 了解客人需求。
(3) 了解客人是否可在无法满足的条件下更换交通工具。
(4) 明确客人取消订票的条件。
(5) 协助代办。

【经典案例】

客人的委托

张瑶调整好心情，又迎来了一位客人。这位郑先生打球归来想出去用餐，于是询问张瑶附近哪里有特色餐厅。张瑶刚刚平复的心情又被搅乱了，这个培训里面没有啊……她不想让工作出现失误，想了想，对客人说："郑先生，您看天色已晚，离我们俱乐部最近的餐厅也要40分钟的车程，不如您就在我们的餐厅用餐，我们餐厅有十几种特色菜品，您是否有兴趣尝试一下？"郑先生也觉得来回耽误时间，就决定在俱乐部的餐厅用餐了。

郑先生刚要离开，又转身回到前台："能不能麻烦你帮我订一张后天去昆明的机票？"

张瑶："没问题，请稍等……郑先生，后天12:00有一班飞往昆明的航班，您看可以吗？可以的话我帮您订。"

郑先生："可以，帮我订一张吧。"

张瑶："好的，请告诉我您的身份证和电话号码……您想采取哪种方式付款，现金吗？好的……郑先生，您的手机应该已经接受到预订成功的短信了，请您提前一个半小时到达机场，出示身份证就可以办理登机手续了。请问你还有什么需要吗？"

郑先生："没有了，非常感谢你！"

张瑶："不客气，很高兴为您服务！"

1. 案例分析

张瑶在无法回答客人的时候，采取了另外一种方式，不仅使客人感到满意，更为会所带来了收益。有时候，试着从客人的角度出发去分析问题，会得到意想不到的效果。

2. 实战演练

一名学生扮演需要预订飞机票的客人，另一名学生扮演前台工作人员，要求前台工作人员能够按照标准的委托代办机票流程为客人服务，并能够在计算机上预订机票等。

【作业与思考】

一位客人明天早上需要参加一项重要会议，请你帮忙预订一张今天的机票，你发现今天的机票已经售完，客人必须今天晚上到达目的地，该如何处理？

项目四　结账服务

能力目标

能够根据结账流程使用计算机、打印机、收银机、验钞机等设备快速为客人结账。

知识目标

1. 掌握结账的流程。
2. 掌握打印机、收银机、验钞机等设备的使用方法。
3. 掌握三种结算方式。
4. 掌握三种付款方式。

素质目标

1. 培养责任心和诚信精神。
2. 培养爱岗敬业、注重细节的职业人格。

日常主要销售收入来源包括果岭费收入、球童服务收入、更衣室出租收入、球车出租收入、球具销售收入、餐厅用餐及饮料销售收入、练习场收入、教练费收入、娱乐消费收入、住宿收入。日常收入是会所经营中稳定的收入来源。

【工作引入】

会员刘先生打球归来，更衣后来到前台结账，前台工作人员张瑶将打印好的账单交给刘先生，刘先生看过后对其中的小卖亭消费有异议，账单上显示刘先生在8号洞小卖亭买了一包烟，可刘先生却说没消费过。

如果你是张瑶，该如何处理？

【任务分析】

如果客人对总消费金额或在某一个营业点消费金额提出异议，收银员应与客人仔细核对消费清单，如客人仍有异议，联络有疑问的营业点，将客人消费签署的底单送至前台供客人核对，若客人没有异议，则应填写账单供客人签署。

【操作步骤与标准】

客人消费完毕时，收银员要核对客人的消费凭据，结算清楚客人所有消费项目，并附上原始凭据。付款结束后，收银员应使用礼貌用语对客人表示感谢，并收回客人使用过的更衣柜钥匙。如客人要求，应该为客人开具消费等额税务发票。具体步骤如下：

1. 备用金的准备

（1）收银员应根据各营业点应备标准到财务部领取相关物品，做好营业前的准备。

（2）班前准备应于开始营业前 10 分钟准备完毕。

2. 检查设备设施

（1）检查电脑、打印机、收银机、验钞器等设备能否正常运作。

（2）调整刷卡机日期，检查电脑运行时间。

（3）确认核实更衣柜钥匙数量。

（4）如有故障应及时通知相关部门予以解决。

3. 签到开启电脑

（1）打开收银机，正确输入开机密码启用机器。

（2）阅读交班日志，掌握上班次收银员各项交接事宜，在接班人一栏签字确认。

4. 核对单据交接

（1）根据"结算单交接记录"核对上班次交接结存数量是否正确。

（2）根据"发票交接记录"核对上班次发票交接是否正确。

5. 收银当值工作

（1）熟练操作：收银员应在 5 分钟之内完成结账手续。

(2) 核对单据：接到宾客要求结账的通知时，根据消费单核对所有录入消费项目、数量、品名是否正确。

(3) 确认优惠条件：确认宾客是否是会员或挂账单位，执行相应优惠，由宾客签字确认。

(4) 打印账单：账单数据核对无误后打印，服务员转交宾客结账。

(5) 结账。

6. 当班账务清算

(1) 消费记录单据日清：清点当班使用的消费账单数量，收回未经使用的单据。根据上班结存数量进行交接；当班结束如发现单据数量有误，及时查明原因，以防单据流失；作废单据由部门主管以上人员签字，并随银袋转交财务，各联次不得缺失。

(2) 电脑账务日清：查看电脑内是否有未结算的账务，如仍存在未结算账务应按照其相应付款方式结清；如电脑内尚存账务须留待下班次处理解决，应在"收银员交接日志"中做好相应交接；确认电脑内无当班未处理完账务后方可作交班处理。

(3) 核对账表：打印当班"收款汇总表"核对账款是否相符；核对无误后，将"收款汇总表"打印三份，一份转交前台收银，一份随银袋转交财务，一份转交主管经理；将本班次各类付款方式结算笔数分别在"收款汇总表"中注明；将电脑做"交接班"处理；填写"收银员交款单"，注明工号及交款部门，同时将当日受理信用卡、支票、现金金额分类别填写在交款单上。

(4) 整理账单：将账单按现金、支票、挂账分类整理；连同"收款汇总表"交收银主管。

(5) 整理账款：将当日收入的信用卡、支票、现金等连同"收款员交款单""收款汇总表"一并装入银袋；如数清点备用金，清点无误后，连同发票及其他有价证券装入备用金袋内。

(6) 填写表格：填写"交接班日志"，注明交接事项；根据当日宾客消费情况填写一式两份的"消费宾客结算信息表"，注明营业名称、消费日期、消费单位、结算方式、结算人、结算金额及填报人；填写"发票交接记录",将本班次发票领取、使用及结存情况进行交接。

(7) 存放备用金、银袋、钥匙：将备用金袋及银袋分别投入不同的保险箱内；将收银台钥匙交收银主管保管；分别填写"备用金存取登记表""银袋存取记录"及"钥匙存放登记表"。

(8) 班后工作：切断收银台内电脑、POS等电源，做好收档后的清理收费工作；于班后将更衣柜钥匙如数进行清点并做好交接；班后通知主管做班后检查，并填写"班后工作检查表"。

【注意事项】

(1) 在结账的整个服务过程中，要做到快捷妥当，避免客人因结账等候过久产生不满情绪。

(2) 客人使用支票付款时，可以要求宾客出示证明身份的证件，要采取一定的措施以避免接受任何假支票。

(3) 当客人以信用卡付账时，应先弄清楚客人的信用卡属于那种类型，是否能被俱乐部接受，若是能接受的，应看清信用卡的有效使用日期和截止日期，卡上是否有持有者的签名。

【相关知识】

会所常见的结算及付款方式

1. 结算方式

(1) 预收：团队客人通常在到会所消费前，根据双方协议，球会先预收全部或部分费用。

(2) 现收：对于大多数客人，无论是会员、嘉宾和访客在会所消费后，当场收取费用。

(3) 事后结账：会所在向客人提供服务后，定期或一次性向客人收取费用，也称为挂账。对于挂账消费的客人，无论是会员，还是公司，首先要获得会所的资格认定和批准，并有双方签订的协议。会所必须严格按挂账审批程序，由会所负责人决定是否挂账。会所员工应熟悉挂账消费的有关程序，掌握会员及嘉宾挂账消费的名单。

当客人要求挂账消费时，员工应首先确认会员（嘉宾）是否有挂账资格。在完成身份确认程序后，将该会员（嘉宾）的有关资料输入电脑，用电脑打印出的数据交给客人签名确认。确认无误后，在收据上加盖"……未收款"的印章，并在电脑上完成相应的操作，然后结束挂账消费程序。对不能进行挂账消费的客人，工作人员应礼貌地告诉不能挂账消费的原因。

2. 付款方式

（1）信用卡支付：收取客人信用卡，查看有效期后，使用信用卡刷卡机，输入客人消费金额，在取得刷卡授权后，交给客人签字确认。仔细核对信用卡上的签字样本与客人实际签字是否相符，如有疑问，应进一步核对客人身份证件，如仍不符，则应建议客人使用其他信用卡或现金支付；在确认了持卡人签字和消费金额无误后，收银员应在消费本上加盖"收讫"印章，如客人要求，为其开具税务发票。

（2）现金支付：唱收唱付，将收到和找回的现金金额口头报给客人以确认无误；收银员须在客人对报出的现金金额确认无误后，才能将收到的现金放入收款机内并找回零钞。收银员在收取现金时，必须注意所收货币的真伪，尽量使用验钞机检查，如果发现是伪钞或不能肯定，应礼貌地要求客人更换；如客人使用外币支付时，收银员应向客人报出该货币与人民币之间的汇率及换算成该货币的金额然后收取现金。

（3）团体结账：为便于团体成员消费后结账方便，应在电脑中相应的位置注明为团队成员会员，并在消费本上加注相同的记号，以便在结账收款时识别。在处理团体结账收款手续时，应注意有些团体只为其成员支付一部分费用，而其他费用要由客人自己支付。员工应明确并确认该团体为其每位成员支付何种费用以及支付限度（如支付18洞果岭费+18洞球童费等）。仔细计算上述费用后，对超出消费部分收取相应的款项。

【经典案例】

结账风波

送走了郑先生，张瑶又迎来了另一组访客回场结账。她根据消费单核对所有录入消费项目无误后，将账单打出转交给结账的刘先生。刘先生看了看账单，发现总金额有问题："我们只打了5洞就回来了，根本没有打完9洞，怎么收我9洞的钱？"

张瑶再次核对账单后对客人解释说："刘先生，我们会所的规定是，3洞以上9洞以下都按9洞收费，我们的价目表上有明确的体现，请您过目。"

刘先生仔细看了张瑶递过来的价目表，确实如她所说，来的时候没仔细看，于是在账单上签字并拿出信用卡。张瑶核对了信用卡与账单上的签字字样一致后帮刘先生刷卡，并将信用卡及账单存根一并交给了刘先生，并对他说："××会所期待您再次光临！"

1. 案例分析

客人对账单存在疑问时要耐心为客人解答，必要时要联系相关部门核对客人的消费项目。要注意语言表达，不要使客人感到难堪。

2. 实战演练

一名学生扮演客人刘先生，另一名学生扮演前台工作人员，按照工作引入的情境模拟演练。

【作业与思考】

客人结账时对某项消费有异议该如何处理？

模块四　专卖店服务

　　球具销售是高尔夫会所业务的组成部分，不仅能满足球手的需要，还是会所经营收入的来源之一。球具店（Proshop）是指专门为高尔夫爱好者提供各种品牌用品与服务的专卖店。专营与高尔夫相关用品，包括球杆、球包、球衣和手套等。

项目一　专卖店进货

能力目标

能够根据专卖店进货流程制定补货计划，进行出入货及退换货作业。

知识目标

1. 掌握专卖店进货的流程。
2. 了解高尔夫专卖店类型。
3. 了解专卖店进货渠道。
4. 掌握专卖店进货原则。

素质目标

1. 培养人际交往和善于沟通的能力。
2. 培养制定工作计划、独立决策和实施的能力。

　　经营一家高尔夫专卖店，进货渠道是一个很关键的因素，它不仅影响着高尔夫球具的质量，还和球具的价格及球具店的声誉紧密相关。好的进货渠道，不仅可以保证专卖店的销售量，还可以为专卖店带来丰厚的利润回报。供应商所提供产品和服务的质量、价格直接影响专卖店产品和服务的质量及成本水平。

【工作引入】

小张是负责专卖店进货的员工，几天前他订了20套不同品牌的球杆。今天，供货商将产品运送到店，小张将对这些商品进行验收。

【任务分析】

货品验收是专卖店进货时不可或缺的步骤，一定要按照订货单对货品品牌、数量、质量等进行严格核对、验收后方可入库。如发现问题要及时与供应商联系，避免为专卖店造成不必要的损失。

【操作步骤与标准】

专卖店服务人员应定期检查货品库存情况，如果发现货品不足应根据订货流程采购货品。货品运送到店后，服务人员要对货品进行验收后方可送入门店。具体步骤如下：

1. 制定补货计划

（1）定期进行存货检查，及早应对。
（2）发现库存不足或服装即将断码时填写补货单。
（3）通过传真电话或自动订货系统联系经销商。

2. 入出货管理

（1）商品到店后，按质按量组织验收，对入库商品的供货商、入库时间、物资名称、规格型号、数量、单价、金额、交货人、承运人和验收入库人等栏目均应逐一填写，不得漏项。要防止假冒伪劣商品进入专卖店。

（2）对经验收合格的产品，应加盖"合格章（单）"，由保管员按规格、品种分类入库管理。质检员、保管员和当班生产经理均应在入库单上签字。

（3）对货品出库应履行审批手续，填写"出库单"及相关手续，仓库保管员凭"出库单"据实发货。

3. 退换货作业

（1）品质不良、订错货、送错货、顾客反馈的质量有问题的产品或是明确规定的滞销品需要退回。

（2）将退调商品清点整理，妥善保存，一般整齐摆放在商品存放区的指定地点。

（3）填写退换货单，注明其数量、品名及退货原因。

4. 库存管理

（1）保管员应建立各种存货保管明细账，并依据出入库单进行账簿登记，经常与财务核对账目，实地盘点实物，保证账实相符。物资要堆放整齐、标签清楚、计量准确、存放安全。保管员对存货的安全和完整负责。

（2）盘点时，由库管、采购、财务等对存货进行实地盘点，查找盈亏、积压等原因，编制盘存表，提出处理意见。参与清查的人员应在盘存表上签字，以示负责。

【注意事项】

（1）补货必须注意时效性，不能因为补货流程操作失误，使货源无法正常供应造成缺货而影响连锁专卖店的正常销售。

（2）专卖店应先办理退货再办理进货，以免退换商品占用门店的仓位。

（3）商品收货时应依照订货单上内容逐一清点，并检查商品与表单内容是否一致。

【相关知识】

高尔夫专卖店进货渠道

高尔夫球具店的进货渠道，主要有以下几种：

1. 直接渠道

直接渠道就是直接从商品的原生产厂家进货。这一渠道的优点是可以降低进货价格，利润空间大，直属管理，防止假冒伪劣商品进入。全球知名的高尔夫品牌用品公司纷纷在中国设场加工，目前中国已成为仅次于美国的世界第二大高尔夫球具生产国，并每年平均以30%速度成长。但全球知名品牌对球具生产的数量和质量都有严格控制。专卖店一般不能从厂家直接进到这类货。只有高尔夫用品企业设立的销售机构通过开设自营店，专卖自己的产品来实现直接渠道。

2. 固定渠道

全球知名品牌的球具店在国内设立自己的代理商，为了防止假冒产品，对货源的渠道基本控制，款式、品种统一上市。固定渠道就是选择资信好、生产能力强、商品质量高的供货商，与他们建立长期的合作关系。固定进货渠道可以通过良好的合作关系规范采购活动，适时保障市场供应，并可通过长期的合作关系使买卖双方受益。但经过一层接一层的供货商渠道，客观上提高了球具的成本，也使得价格居高不下。知名品牌建立垂直管理的连销专卖系统，可以大大增强企业对市场和渠道的掌控能力。进货渠道清楚、管理规范、正规，每一支球杆上都对球杆、球头的生产地、组装地标明的一清二楚。能够严把产品质量关，并对进货渠道建立可追溯制度和责任追究制度。

3. 区域渠道

目前，国外品牌在我国市场占据主导优势，消费者对国外品牌认可度高，所以大多球具店都经营外国品牌的产品。各地市场对球具用品的需求不同，需求量较大地区，知名品牌球具企业会建立独具特色的商品货源代理或直销店。区域渠道进货策略就是根据自身的经营需要，从知名品牌商品区域总代理的渠道进货。选择有特色的商品货源作为进货渠道，可以进行细致地比较，择优而购。

4. 加盟

加盟高尔夫用品网络会员专卖店，由总部进货，可以保证进货质量和统一的价格。总部是一个大型的集团采购平台，通过直接和生产厂家建立合作关系以较低的价格获取进货渠道优势。各特许经营专卖店则是终端销售系统，这样就减去了批发商和经销商这一中间的差价，各店接受统一的管理，更有利于经营。采用特许经营模式可以有效降低经营成本，直接让消费者受益。

5. 网上进货

直接从高尔夫球网上进货，通过网络的便利，信息的快速传播，使得进货的渠道更加广泛，选择的范围相应扩大，但商品的质量没有确实的保证。

进行有效的渠道管理，与经销商建立长期的合作关系，有目的地进货，避免资源的浪费。

【经典案例】

出错的订单

专卖店店员小张在验收一批新到店的货品时，发现缺货的一款高尔夫球帽没有发，却发来20套球杆。小张把订货单仔仔细细看了半天也没看出问题。

他用电脑查询了一下，原来是他在订货的时候把球杆的货号输错了一个数字，导致要订的20顶帽子变成了球杆。小张急忙给供货商打电话，说明了这个情况。供货商同意马上补发球帽，可是球杆却由于数量多不同意退货。小张没办法，只好去请示店长。经过店长与经销商的协商，经销商同意退回5套杆，同时承诺如果有其他球具经销商订购这款球杆时可从这边先转出。

小张这个月的奖金被扣掉了，但以后订货单再也没出过错。

1. 案例分析

专卖店进货时要仔细核对订货单的生产厂商、货号、数量、颜色等信息，避免出现错误。一旦出现问题，要及时与供货商及主管沟通，避免为专卖店造成损失。

2. 实战演练

分组通过调研、网上搜集等方式，了解高尔夫专卖店有哪几种销售模式？

【作业与思考】

1. 库房盘点时发现某种货品库存过多如何处理。
2. 查阅资料了解高尔夫用品的种类及品牌。

项目二 专卖店服务与销售

能力目标

能够根据消费者需求特征及购买类型分析消费者心理，成功为其销售高尔夫产品。

知识目标

1. 掌握专卖店销售流程。
2. 了解消费者的需求特征。

3. 掌握消费者购买类型。

素质目标

1. 培养诚实守信的精神。
2. 培养换位思考的能力。
3. 培养坚持用心打动客户的精神。

经营的直接目的是取得最大的经济效益。顾客需求的满足程度是随服务质量的优劣而上下波动的。服务质量优异，顾客需求的满足程度就会提高。

【工作引入】

一位男客人推开了专卖店的门，想要购买一支 7 号铁杆，请你为他服务。

【任务分析】

在客人消费时要能提供专业优质的服务，为顾客提供更多资讯和参谋。在客人挑选球具时，销售人员可根据客人打球的实际水平为客人配备合适的球具。

【操作步骤与标准】

根据顾客的消费特点及习惯，设计出合理、标准化的服务流程，使其在消费过程中，能够有愉快的心理感觉，这样不仅有利于光顾频率的提高、产品销售量增加，而且可以使产品获得感情支持，增加对产品和品牌的吸引力。具体步骤如下：

1. 招呼客人

（1）语言：声音自然、语调柔和、吐字清晰，如您好、欢迎光临等。

(2) 身体语言：微笑点头、目光接触、保持适当距离、暂停手上的事，以客为先。

(3) 招呼语句应分时间段（如早上好、中午好、晚上好）。

(4) 根据店铺的实际情况，制定招呼的方案（促销活动、节日问候语、老客人）。

(5) 当客人走近你身边时，需要点头微笑，用自然音调和客人打招呼（如×××好）。

2. 留意购物信号

(1) 给客人创造一个自然舒适的购物环境，不要挡住客人的视线。

(2) 不要立即站在客人的身旁或跟在后面，应该先让顾客随意浏览，给予一个自由选择的时间和空间。

(3) 店员在附近留意顾客，这时要停止任何交谈，要让客人感觉你随时会为其提供服务。

(4) 通过观察、聆听、询问、交流等途径，寻找顾客的需求。

(5) 如果发现顾客发出购物信号，应立即主动上前提供服务和帮助。

3. 开场白

(1) 问多一点点（指营业员多询问客人需求）。

(2) 讲多一点点（指营业员多为客人介绍一些）。

(3) 说多一点点（指让客人多了解一些）。

(4) 买多一点点（指让客人多买一些）。

4. 试衣间服务

(1) 试衣前：提议顾客试穿，准确给予客人试穿衣服的尺寸，帮助顾客准备好相应搭配，尽量带领顾客到试衣间。在带领过程中，将衣服的纽扣或拉链拉开，衣架要从衣服的下摆处取出。确认试衣间里是否有其他客人，把衣服挂在挂钩上，同时提醒顾客锁门。如果客人正在等候试穿，应跟客人打招呼说"对不起，请您稍等"，也可以利用这段时间再帮客人介绍其他衣服，不要让客人有被忽视的感觉。

（2）试衣时：营业员应在试衣间外等候客人，或再替客人搭配其他适合的衣服和饰物或与客人的家人、朋友"聊天"，还可照顾试衣间附近的客人，告之一些简单的货品知识。客人试穿出来后，带客人到镜子前，并帮其整理衣服，例如，帮客人拉上拉链、扣上扣子、领子翻正。让客人感觉有整体美，这样才能更好地激发客人的购买欲。讲述货品的优点并结合销售技巧。

（3）试衣后：帮客人折叠衣服并检查尺寸、质量。告知洗涤方法和注意事项。

5. 球具销售

（1）销售人员要了解球手的需求，如球手想把球打远等，使其买到的球具能真正满足需要。

（2）店内可配备专业的高尔夫教练及相关的销售人员，在客人挑选球具时，销售人员可根据客人打球的实际水平为客人配备合适的球具。

（3）店内还可配置一套试打的装置，在专业高尔夫教练的指导下进行试打，以此来检测客人打球的实际水平或挥杆速度，同时判断球具是否合适。

（4）在销售中提供专业服务，如注意杆身材质、软硬度的选择等，这样可减少售后客人不满意的几率，为售后服务扫除了一定的障碍。

6. 聆听/辨认顾客需求

针对顾客试穿、试用后的反馈及意见，店员提供相关的意见和合适的选择。

7. 售后服务

（1）推荐办理贵宾卡及贵宾卡的好处。

（2）主动告诉客人自己的名字和店里的电话，以备后续需要。

（3）感谢客人的光临。

8. 收银台服务

（1）店员带领顾客到收银台，让收银员着手接待这位顾客，并向顾客打招呼，收银员应始终用微笑的态度对待顾客，并与顾客进行语言上的交流，注意细节上的礼貌。同时询问顾客是否有贵宾卡（VIP）抓住最后的销售机会，强调特殊的洗涤方法。

（2）双手接过顾客递与的钱，收到钱以后向客人道谢及明确告之对方共收了多少钱，并与顾客确认购买件数。

（3）收据与找零一起交与顾客，并告知顾客保留收据，以便我们为顾客提供售后服务。

（4）整个收银过程应快速有效地进行，同时向顾客打招呼，遇到收银故障时，主动向顾客说明原因并道歉。

（5）在收银过程中鼓励客人填写顾客登记，并告之日后如有新货或其他促销活动可电话通知。

（6）完成整个过程后应说："谢谢您，欢迎下次再来！谢谢光临！"

9. 欢送

（1）无论顾客是否购物，店员都应该微笑欢送顾客。

（2）欢送语应具有亲合力，使顾客能再次光临。

（3）对不同情况、不同熟悉程度的顾客，欢送语应有所不同。

（4）要尊称顾客的姓名。

【注意事项】

（1）注意语言上的技巧，不要让客人觉得有强行推销的感觉。

（2）当顾客欲购买的货品断码时，应主动为客人查看系统存货后及时调入该货品。

（3）在特殊情况下，若该货品确认没有时，店员应转换另一种方式，为客人介绍相同款式不同面料或相同面料不同款式的服装。

（4）球具店在销售球具时应尊重顾客的个性化需求，结合客人的生理特点、打球习惯和消费能力，为他们推荐真正适合他们使用的球具。

【相关知识】

消费者购买类型分析

根据消费者卷入程度（卷入程度是指消费者购买时的谨慎程度，以及在购买过程中愿花费多少时间和精力去收集信息，选择判断，有多少人参与购买过程）和商品差异的组合，主要有4种消费者购买类型：

(1) 复杂型购买：发生在消费者初次购买那些卷入程度高、品牌差异大的商品的场合。多数消费者对这类商品知之甚少，但因其价格昂贵，属于耐用消费品，故购买前的选择决策非常谨慎，要花费时间大量收集信息，多方位挑选比较。这种购买决策最为复杂。

(2) 和谐型购买：发生在消费者购买卷入程度高，但品牌差异较小的商品时。这种购买因不同品牌的商品只要价格在同一档次内，质量功能差别不大，故不需要收集很多的信息或进行评价，卷入程度高主要因商品价格较高或不经常购买引起。决策重点在买不买，买什么档次的，而不在乎买什么品牌的，且更关心能否得到价格优惠，购买时间和地点是否方便等问题。

(3) 多变型购买：发生在品牌差别大，卷入程度低的商品上。消费者经常变换所购商品的品牌，主要是出于尝试新东西的随意性，避免单调乏味。消费者在这类商品购买前，一般并不主动收集有关信息，只是通过广告等宣传媒体被动接受信息，对商品的品评也是发生在购买之后，而且即便对所购买商品的感觉不错，下次购买时仍可能更换品牌。

(4) 习惯型购买：发生在消费者购买卷入程度低，品牌差异小的商品时，是一种多次购买后形成的习惯性反应行为。消费者经常购买某种固定的品牌，并非出于忠诚，而是出于习惯，当货架上没有这种商品时，消费者会毫不犹豫地购买另一种看上去十分相似的产品。

显然对于不同的消费者购买行为类型，企业的机会不同，促销的重点也不同。

【经典案例】

成功的推销

一位女士推开了高尔夫球具专卖店的门，专卖店销售员琳琳热情地迎上前去："欢迎光临，女士！很高兴为您服务，请问您有什么需要吗？"

客人："我想看看女士球包。"

琳琳："好的，女士球包在这边。请问您需要哪种球包呢？"

客人："看看枪包吧。"

琳琳："好的，那您喜欢哪种品牌呢？"

客人："Callaway 吧。"

琳琳："好的，这里有几款 Callaway 枪包，这款是今年新款，采用进口超强尼龙防水布料，可装 8 支左右高尔夫球杆，底座是可以竖立的，非常方便携带，有粉色、蓝色和黑色供您选择。"

客人上前摸了摸粉色的球包，琳琳马上说："这款粉色的很适合您优雅的气质，您看。"说着将球包放在客人身边："请问您是经常去练习场练球吗？"

客人："是的。"

琳琳："这款球包使用加大 8 号拉链，拉动时不易卡住；包身采用双股 1200D 加厚尼龙料，更美观大方，经久耐用，不起皱纹。枪包底座采用高级塑胶，放置不易倒，防水防雨，包内可装 6~7 支球杆，是一款非常舒适、便捷的枪包，最适合在练习场使用。"

客人："嗯，挺好的，这款多少钱？"

琳琳："这款现在正在搞促销活动，九折优惠，会员可以打八五折。"

客人："我不是会员。"

琳琳："全场消费满一千元可以办理会员卡，要不您再看看其他商品？您看这些 T 恤，都在促销，这款 T 恤跟您这个枪包还很搭配。我给您找一件您试试？"

客人看了看："是很漂亮，找一件吧……"

就这样，琳琳共卖给这位客人一个枪包，两件T恤和一双鞋。客人办理了会员卡，还要了琳琳的电话，说以后来买东西就找她。

1. 案例分析

为客人进行产品推荐时，应按照客人的实际需求进行介绍，了解客人的消费心理，为其提供多种搭配意见，可以进一步促进产品销售。

2. 实战演练

一名学生扮演要购买高尔夫球杆的客人，另一名学生扮演专卖店销售人员，要求销售按照销售流程及礼仪要求，尽量多地为客人销售商品。

【作业与思考】

1. 一位客人拿着一件有破损的衣服要求退货该如何处理。
2. 为客人推荐球杆时应推荐售价高的还是适合其使用的。

模块五　更衣室与洗浴中心服务

更衣室是客人更换衣物、洗浴以及存放个人物品的场所。更衣室的卫生情况能够反映一个会所的管理细致程度，更衣柜的存储安全性更是能够影响会所的声誉。对更衣室加强管理对会所具有重要的意义。

能力目标

1. 能够根据更衣室服务流程为客人提供迎宾、接待等工作。
2. 能够做好更衣室交接班工作。

知识目标

1. 掌握更衣室服务流程。
2. 掌握更衣柜出租形式的两种类型。

素质目标

1. 培养对工作认真负责的精神。
2. 培养责任心。
3. 培养注重细节的习惯。

更衣室为客人提供下场或回场时更换服装、沐浴、以及更衣柜出租服务，是每一位球手必经的场所。因此，提供高质量贴心的服务能大大提高会所形象。

【工作引入】

张先生第一次到会所打球，在前台登记后来到更衣室换衣服，如果你是更衣室服务人员，该如何为张先生提供服务？

【任务分析】

作为更衣室服务人员，在每天工作开始前要做好充分的班前准备。如果客人是第一次使用更衣室，服务人员要将更衣室的相关设施向客人进行介绍。

【操作步骤与标准】

更衣室工作比较繁杂，除了接待客人还要注意更衣室内物品的准备和及时更换。具体步骤如下：

1. 班前准备

(1) 穿着整洁制服,比上班时间提前 10 分钟到工作岗位签到,查阅交班本,了解需要跟进的事项。整理昨日使用过的更衣柜,锁好后将钥匙交回前台。

(2) 清洁更衣室各处卫生,检查更衣室物品摆放情况。

2. 迎宾

(1) 及时、有礼貌地接待宾客,主动迎上前与宾客打招呼。

(2) 为宾客指引更衣柜方向,介绍室内设施。

3. 接待服务

(1) 如宾客已租用鞋柜,需为宾客在鞋柜内取出。

(2) 为宾客准备浴袍、毛巾和沐浴用品。

4. 收撤工作

(1) 于下班前把梳子浸泡在消毒液里;收拾好垃圾并将其扔到垃圾房;添加沐浴液、洗发水等。

(2) 到前台领回当天所有使用过的钥匙,打开检查并清洁更衣柜。

(3) 整理当天使用过的毛巾,补充干净毛巾,清点数目,做好记录,放在固定位置。

5. 工作报告

(1) 如有任何问题需立即联系上级主管;有效完成主管指示的工作及交班所需跟进的事情,离开时需通知前台/主管,由主管安排员工顶岗。

(2) 将当天的工作、突发事件及需跟进的事情记录在交班本上。

【注意事项】

(1) 如果客人遗失了更衣柜的钥匙,工作人员应该收取规定的罚金,并将有关情况输入电脑。

(2) 提醒客人检查衣柜是否锁好。

(3) 详细检查客人浴衣内是否有遗留物品。

【相关知识】

更衣柜出租形式

更衣柜是会所为来场打球客人提供的储存衣服及小件手提行李的地方。更衣柜的出租形式分为长期出租和临时出租两种。长期出租更衣柜是指出租给经常到球场打球的会员，使用一年或以上。临时出租更衣柜是指出租给客人打球的当日一次性使用并于当日收回。会员只有在缴纳了相应费用并履行相关手续后，才可长期享受更衣柜的使用权。

【经典案例】

更衣室的尖叫

女更衣室里传来一声尖叫，负责管理女更衣室的宋晓颖急忙赶到室内，发现一位刚换好衣服的女客人指着工程部的一名男员工大叫："谁让你进来的！！……"

宋晓颖连忙向女客人道歉，并安抚其情绪。通过询问得知，工程部的这位男员工是来修理管道的，以为平时女客人少，女更衣室不会有人，进入前没有询问里面是否有人就直接进入，正碰上刚换好衣服的女客人。女客人非常气愤，觉得自己被侵犯，要求会所赔偿。

宋晓颖立即联系主管，并为客人端来一杯热水说："女士，发生这样的事情真的非常抱歉，我已联系了我的主管，他马上过来处理这件事情，一定会给您满意的答复，您先坐下喝杯水。"主管赶到后，宋晓颖向他汇报了事情的经过，并坦承由于自己工作的失误造成客人的不愉快，愿意承担责任。经主管沟通处理后，客人同意不再追究。宋晓颖将这起突发事件及需跟进的事情记录在了交班本上。

1. 案例分析

（1）更衣室服务人员不能擅离职守，以免发生外人闯入的情况。
（2）突发事件要及时与上级沟通，主管到达之前要安抚客人情绪。

2. 实战演练

一名学生扮演客人，另一名学生扮演更衣室服务人员，要求服务人员按照接待流程及标准为客人进行接待服务。

【作业与思考】

如何加强更衣室的安全管理。

模块六　运作服务

客人到达高尔夫俱乐部后的一系列运作过程主要为前台登记开卡、更衣室换服装、出发站安排下场、场下打球、回场洗浴休息或用餐、前台结账。本模块只列入出发安排和存包服务两大块，其他服务如球童下场服务、巡场服务等将在其他系列教材中详细列入。

项目一　出发安排

能力目标

能根据客人的消费卡和预定的 Tee-time，为客人安排球童、球车及准备相关物品，并确定开球球道等。

知识目标

掌握出发安排的基础知识、服务技巧及操作方法。

素质目标

学会随机应变技巧。

出发站根据客人的消费卡和预订的开球时间，为客人安排球童、球车及准备相关用品（记分卡、铅笔、MARK 等），并确定开球球道，确保球场正常运作。

【工作引入】

2014 年 4 月 15 日××会所举办会员杯邀请赛，为了举办好这次比赛，出发站在比赛前两天按照预订人数已经做好了分组，本次比赛有 80 名会员参加。比赛当天有 3 位会员临时有事不能参加此次赛事，当天又有 6 位访客要下场，请你将此事处理好。

【任务分析】

要想圆满完成此次比赛，首先要确定没来会员与哪位会员分在了同组，在保证少动分组情况下快速对不够 4 人组进行重新组合，并及时通知改动分组的会员和球童，要求球童做好相应的变动工作。对当天到来的访客进行分组，在不影响会员比赛的同时安排好下场时间及场地。

【操作步骤与标准】

出发站出发员主要负责安排球童、调度管理、接待客人、安排球场及球道、回场接待、统计下场情况。具体步骤如下：

1. 安排球童

出发员根据球童值班表，按时指派球童接包、值班，并督查接包球童和值班球童的仪表、站姿、接待标准等。

2. 调度管理

出发员根据预订，估计球场每天的打球人数及球童的需求量，适当对球童进行调度管理，并根据即将下场客人需求指派服务球童、球车并及时通知球童。

3. 接待客人

主动问候客人，刷消费卡，按照客人消费卡标明情况做出安排，示意球童接待打球客人或安排巡场带领客人下场参观。

4. 安排球场及球道

出发台根据巡场提供的信息和客人预订要求，合理安排客人开球的球场及球道。

5. 回场接待

客人回场后，主动问好，刷消费卡，做好回场记录。

6. 统计下场情况

做好客人的下场记录，即按时间顺序、球童姓名、球车号码、开球时间、转场时间、打球完毕时间等记录。下场记录的各类数据统计有利于掌握球场和球手状况，以便更好地管理球场。

【注意事项】

（1）出发台应根据不同场地的繁忙程度，合理安排客人的第一洞（第九洞 out course、first nine）或到第十洞（后九洞 in course，back nine）开球。避免球场阻塞或客人长时间等候。

（2）出发员要根据球场状态合理安排下场人数。在球场高峰时段，整体速度较慢时，出发台需要合理调配两人以下的球员，将其合组打球。

【相关知识】

出发台管理

出发台根据客人的消费卡和预订的开球时间，为客人安排球童、球车及准备相关用品（记分卡、铅笔、MARK 等），并确定开球球道，确保球场正常运作。

1. 球童调度管理

出发台通过预订，估计球场每天的打球人数及球童的需求量，适当对球童进行调度管理来调整服务能力，以满足不同时间段、不同服务负荷对球童的需求。

第一，球童排班需要与球场经营的高峰与低谷期协调。

第二，需要考虑员工工作量和基本收入的需要。保证每个月每个球童至少应该出场服务 25 次。

第三，排班计划要考虑顾客的需求。

第四，球童的排班管理包括设置班次，执行班次制度，以及休假制度。

2. 球场秩序管理

第一，出发台根据巡场提供的信息，合理安排客人开球的球道。

第二，根据球场状态合理安排下场人数。

第三，做好客人的下场记录，即按时间顺序、球童姓名、球车号码、开球时间、转场时间、打球完毕时间等记录。

【经典案例】

消费卡被调包了

2013年4月20日，在××高尔夫会所，发生了一件客人对球场服务的不满意事件。事情是这样的，这一天，天空下着雨，但因为是周末，还是有很多客人来此打球，由于雨势渐长，出发员又比较焦虑，就在为客人刷完消费卡派球童时，不小心把消费卡发错了，此时并没有任何人发现，就在客人回场结账时才发现不是自己的消费卡，不知道自己的消费卡在哪里。客人非常恼火，客人因此不承认消费也不给球童小费，此时大家都比较慌乱。因为客人较多，当时又比较混乱根本不记得消费卡与哪位客人的调包了，只能等待其他客人回场。此时运作部经理特别淡定地走向客人，微笑着安抚并致以真诚的道歉。然后亲自安排客人到餐厅就餐。她也并没有向出发员和球童发火，而是与出发员一起分析，后来终于找到消费卡，她亲自交到客人手中而且不停的向客人道歉，并与客人交流一些打球经验，最后客人开心的离开会所。

1. 案例分析

（1）出发员刷完消费卡交给客人时应认真核实，确定客人与消费卡是否一致。

（2）球童在接待客人时，也有义务帮助客人核实身份。

（3）发生问题时要积极面对，本案例中运作经理非常巧妙地应对不满意客人，减少投诉发生，也为其他工作人员起到表率作用。

2. 实战演练

××会所接到一个21人的韩国旅游团，此团想在今天打一场18洞，第二天有3名团员要离开,其他团员有6人想打36洞,剩下人员打18洞,请你接待好此团。

【作业与思考】

出发员为什么要统计客人出场情况,对球场有何益处?

项目二 存包服务

能力目标

1. 会制定存包计划。
2. 能进行球包及其他球具存取服务。

知识目标

掌握提供球包及其他球具存取服务的基础知识和基本技巧以及操作方法。

素质目标

培养吃苦耐劳精神。

存包室的主要任务有两大类,一是为经常到场打球的会员或临时需要存包的客人存放和保管球包;二是为临时到场打球而没有带球杆的客人,提供球具的租赁业务,如租用球包、球鞋、伞等。球包管理员主要负责存、取球包管理。

【工作引入】

××会所在一次举办比赛过程中接到投诉,有一位客人的球包在存包处拿错了，找不到球包，客人不愿下场。另外有一位韩国客人，存包后，第二天将包取走，球包管理员没有拿回球包领取小票，结果第三天他持着球包领取票来领包。

【任务分析】

此任务中球包管理员粗心导致拿错客人球包、丢失小票事件，需要球包管理员明确管理职责、加强对操作步骤和标准的理解。

【操作步骤与标准】

存包服务貌似简单，也存在很多细节之处。存包服务主要包括登记、入库、取包几个环节。具体步骤如下：

1. 登记

登记客人姓名、球杆数、球童号、球包领取票号码（主副联，副联撕下给客人领包所用）、存包时间。

2. 入库

（1）存包前清点客人的球杆数量、种类，填写一式两份的存包卡，交给客人一份，另一份挂在球包上，还要详细填写《存包出入登记表》并由客人签字确认。

（2）认真清点球包里的物品。

（3）全部球包采取上架处理。

3. 取包

（1）客人领取球包时，应核对存包卡上的存放日期、球包和球杆品牌及数量等信息，根据存包卡号码查找球包。

（2）请客人在存包领取记录表上签字或出示并回收球包领取票。将客人球包送到出发台或其他指定地点。

【注意事项】

（1）作为高端服务场所一定要购买正品球具，并保证球具的品质，否则会影响会所的形象。

（2）存包时认真清点球包里的物品，如清点有误，应负责赔偿相关的损失。

（3）全部球包采取上架处理，保持存包室通风，确保球包不受损和被鼠虫损坏。

（4）制定存包保养计划，定期对球包和球杆进行保养，包括室外晾晒、清洁球杆、擦BB油、清理球包架等。

【相关知识】

存包室管理

存包室（Storage Room）是负责客人球包的存放和管理球具租借的地方。存包室为达到"易于管理"的目的，按照球包的所属性质或来源等特征，将球包分类成若干较小的单元进行存放。

通常按球包的来源分为会员球包、访客球包、球场球包。对于会员球包还可细分为长期存包和临时存包。分类要有利于存放、领取的习惯，最大限度地方便会所经营管理的需要，并保持分类的科学性。

【经典案例】

这是我的球包吗？

一天上午，铁岭龙山高尔夫会所存包室工作人员小李接到电话，女会员王总说道："你怎么回事啊，怎么把我包弄错了，这是我的球包吗？"原来是另一位会员的包外观和王总球包一样，存包员非常自信地记得只有王总一个人用这样的包，上去就拿了过来，领包球童也没细看，拿上就走，到了发球台，客人用杆时才发现，不是自己的包，非常恼火，而且觉得在朋友面前很没有面子，还让同组客人等着。存包员马上道歉，并第一时间将客人球包送至发球台，而且存包员灵机一动，带了一把新的遮阳伞送给王总，表示歉意，并说："王总您好，今天是我的失误，请您谅解，我保证以后绝对不会再发生这样的事了。今天太阳挺晒，您带把伞吧，您今天一定会打出好成绩的。"王总看到存包员这么诚恳，马上消气了，并迅速进入状态。

案例分析

小李虽因失误弄错客人的球包，但是世上哪有不犯一点儿错误的人呢，关键是他处理过失的方法和态度，诚恳而且讲究技巧，让对方想发脾气都不好意思发了。

【作业与思考】

（1）在电脑中画一个球包室球包摆放简图，要求分为四块，即球场员工球包、球场出租球包、会员球包、访客球包。

（2）一位客人把物品交给你，要求转交其朋友，并称明天来取，应如何处理？

模块七 行政事务服务

行政事务是指企事业单位的日常管理事务与各项服务，如收发文档、办文办会、接待来宾、收支买办、车辆、安全、福利、卫生、后勤补给及保障等方面的日常工作。

每个高尔夫会所都有作为处理行政事物的部门，大一些的会所一般有专门的行政部门，而稍小的会所则与其他部门合并一起，如办公室等。行政事务一般比较琐碎，但作为部门主管则要有一个明确的目标来解决那些琐碎的行政事务。行政事务对会所至关重要，因为很多外部顾客或来应聘的员工首先与俱乐部接触的就是行政部门，这对于俱乐部的内、外部形象有着重要的作用。

项目一　文案工作

能力目标

1. 能够撰写合乎规范的公文。
2. 能够按照文书处理规范处理公文。
3. 能够运用文书处理知识完成日常工作。

知识目标

1. 掌握文书撰写的一般规范和要求。
2. 掌握收文、发文的要求。
3. 掌握文书处理的规范及归档要求。

素质目标

1. 通过办文撰写工作，培养统筹意识。
2. 通过文件整理工作，培养文件安全意识。

文案工作是公司或企业中从事文字工作的职位，就是以文字来表现已经制定的创意策略等，具体工作内容包括文书的撰写等方面内容。

【工作引入】

2012 年 5 月 6 日，××高尔夫会所刘总经理把秘书李丽叫到办公室，告诉她下周将要在会所举办一次比赛，并对她说明了活动的目的和要求，让她马上写一份通知，发到会所各部门。李丽用记事本将刘总经理的话记录下来，回到自己办公室，立即开始起草通知。

如果你是李丽，应该如何迅速地撰写该通知？通知拟定完成后，又该如何做呢？

【任务分析】

文员在撰写通知时要明确通知的内容、时间、地点，作为文员要记清楚领导安排的全部内容，并与领导进行确认。

【操作步骤与标准】

文案工作的步骤包括文书撰写、发文及收文等工作，具体工作步骤如下：

(一) 文书撰写

任何一份公文都是根据工作的实际需要来拟写的。

1. 确定发文主旨

在动笔之前，首先要弄清楚发文的主旨，即公文的主题和发文的目的。如，布置工作时主要抓哪些问题、主要成绩及存在问题、下一步的打算；再如请求事项，拟请上级机关答复或解决什么问题等。

总之，发文必须明确采取什么方式，主要阐述哪些问题，具体要达到什么目的，只有首先对这些问题做到心中有数，才能够落笔起草文件。

2. 确定文件文种

根据文件内容，确定采用的文种。例如，汇报工作情况，是写专题报告还是写情况简报；针对下级机关来文所反映的问题，是写一个指示或复函，还是写一个带有规定性质的通知等。

3. 明确文件发送范围及对象

发文范围和对象包括是向上级领导机关汇报，还是向下级所属单位介绍和推广工作经验；是给领导干部、有关部门工作人员阅读，还是向全体职工进行传达等。

4. 明确发文的具体要求

需要明确是要求对方机关了解，还是要求对方机关答复，是要求各收文机关贯彻执行，还是供对方参照执行、研究参考、征求意见等。

（二）领导审核签发

签发人对文件负有完全的责任，因此，必须对文稿从内容到文字进行严格的审核和修改，确保准确无误。

1. 明确签发意见

一般要在发文稿纸"签发"一栏签署"发""同意""速印发""限×日内发出"等字样，并写上自己的姓名全称和年月日，以表示负责。如果认为文稿还需要其他领导或主要领导人审阅时，还应注明"请××阅后发"。

2. 修改

签发文稿时，应使用签字笔或钢笔，力求字迹清楚。修改意见要写在装订线的右侧，签发位置应在规定的范围之内。

3. 签字

有些文件可签在文件的落款处，即在本人职务名称后空两格书写姓名，直接将此件发出。

4. 备注

不能用画圈代替签发意见，即使"请×××阅后发"的文稿也不能仅仅画个圈，一定要签署自己的姓名，除非特别紧急，领导一般不要接收和签发未经办公部门核稿并提出送审意见的文稿。

(三) 发文工作

发文是本单位向外发出的包括单位制发和翻印、复印转发的公务文件和材料。

1. 校对

对来文进行仔细校核。

2. 请领导审核

打印审批单、校核后的文稿，以及来文原稿返回主办单位，由主办单位领导（一般为正职）签署意见。

3. 主管领导签发

送办公室主任审核，并批转主管领导签发。

4. 主管领导审批

根据办公室主任意见，报主管领导审批。

5. 取号印发

报批程序履行完成，按要求取号后，即可进入印发或公开发布程序。

6. 排版印刷

将文稿电子件送打字室排版后，取回文稿清样进行校对。校对完毕后，确认无误，填写"文件印刷通知单"，送打字室印刷。

7. 发文

文书室有关人员作为第一读者对文件进行阅读，确认无误后，填写"文件发放通知单"，送收发室发放；需自行发文的，应在"发文办理审批单"备注栏中说明，以便备查。

(四) 收文工作

凡是由外部门或外机关送来的文件，统称为收文。

1. 签收

收到来文，首先要看清是否属于本单位收文，然后清点，核实来文数量、封皮编号与投递是否相符，检查文件装封是否破散，密封条是否被拆等情况，检查无误后，方可签字、盖章、注时。

2. 拆封

上级来文，均由文件专管人员拆封，其他人员不得拆封。写明某个部门或个人亲收的文件，应登记后转送有关部门或个人签收。

3. 核对

文件拆封后，要对照发文通知单核对文件种类和份数。有回执的，在回执单上签字、盖章后退回发文单位。同时，检查文件是否有未装订、缺页或手续不全等差错，发现问题及时向发文单问查询，予以弥补。

4. 登记

将收到的文件按来文部门进行分类并按收文日期、收文序号、来文单位、来文字号、密级、文件标题、份数、书皮编号等逐项进行登记。

5. 拟办

收文登记后，要填写《公文处理单》，并提出拟办意见。为方便领导批办，可将本文提出的或与本文有关的文件资料附在本文之后，供领导参阅。

6. 批阅

批文时要认真阅文，弄懂弄清文件要求，并提出处理意见。需办理件，要写清承办单位、承办要求、承办时限等；需阅知件，要提出阅知范围；需传达件，要提出传达范围和时间；需复印件，要提出复印份数和发放范围等，最后要签名、注时。

7. 分办

需要办理的文件，要按批办意见，分送有关部门或承办人员办理。

8. 传阅

需要传阅的文件，要按批示意见传阅。传阅中，应先送主要领导和分管领导阅；各部门间安排主管部门先看。领导同志阅文后要签字、注时。如有阅批意见，要按领导同志的意见，做好补办工作。文件传阅前，要认真登记，阅完后进行检查，随时掌握文件的去向。

9. 承办

承办单位接到需办文件后，要认真及时办理，急件随到随办。需两个以上单位承办的文件，主办单位要主动会同有关单位协商办理，并负责回复办理结果。

10. 催办

对需送有关部门办理的重要文件，要定期或跟踪进行督促检查，并做好催办记录，办完后要向分管领导和办公室负责同志反馈结果。

11. 注结

文件办理完毕，应在《收文登记簿》或公文处理单上注结，注明办理日期，并简要写明办理结果。

12. 归卷

将办理完毕的文件按不同的分类和序号分别归在相应的文件分类盒内，以备查考。

13. 立卷

把对本单位工作有查考价值的上级文件、材料收集齐全，按文书立卷有关规定整理成案卷，并填写案卷目录。

14. 归档

将立好的案卷向综合档案室移交，移交时应履行审定、交接手续。

15. 销毁

没有存档价值的文件以及其他材料，经鉴定、批准后，可进行销毁，严禁向废品收购部门或个人出售。

【注意事项】

1. 文书撰写工作

文书撰写的目的是为了解决实际问题，不同于一般文章和文学作品，因此，文书写作必须符合上述目的。在符合应用目的的基础上，文书写作还必须符合惯有体式、客观实际。根据这些特点，文书拟写有以下几方面的要求。

（1）主题正确、鲜明：文书写作首先应搞清对象，即写给什么人看；其次要辨明目的，即解决什么问题。

主题正确是文书尤其是公文撰写的基本要求。文书的主题必须有针对性地解决实际工作中存在的问题，对工作起到促进作用。

鲜明是指文书主题应集中单一、重点突出，有针对性地反映并服务于现实。

（2）语言准确、精炼：文书的务实特点决定了文书写作用语必须准确朴实、简明精炼。根据观点的需要选择恰当的词语，并力求词义的单一性，使用标准书面用语，不用俚语、俗语和方言。因此，应掌握文书用语的特点。文书表达可以使用叙述、说明、议论等多种方式，但一般以叙述、说明为主，要求叙述精炼、说明具体。

（3）体式规范：通用文书有固定的格式，体现了它的权威性，是通用文书的重要特点，也是通用文书的组成要件，在文书撰拟过程中必须符合其基本特点。

2. 文书处理的原则

根据文书处理的内容与要求，文书处理必须坚持及时、准确、安全、统一的原则。

（1）及时高效：现代社会高科技迅猛发展，生活瞬息万变，针对社会生活、解决实际问题的文书客观上要求高效、快速完成其办理程序，才能发挥作用。因此，时效性是文书办理的核心。要加快公文办理的速度，一要强化时间观念，二要缩短文书的运转周期，三要简化办文程序。

（2）准确无误：指公文在办理阶段的各个环节上，在内容、方向、方式及其结果方面，应完全符合行文制度和实际情况。准确是对公文办理的首要的、基本的要求，是对公文办理的质量要求。

（3）安全保密：公文办理的安全保密有两层含义，一是保证所经办的文件完整无缺、无损，做到不丢失、不损坏，这就是安全的意思；二是严格遵守公文管理的保密规定，做到不泄密、不失密，这就是保密的意思。安全和保密是相互关联的。

（4）统一规范：如果不统一，就容易造成文件丢失、漏办、积压、脱节、混乱，直至造成重大失误。统一规范是文书处理及时、准确、安全的前提。

文书办理的过程必须以解决工作中的实际问题为出发点，围绕文书及时、准确、安全、规范地做好文书的传递工作。

【相关知识】

文书的种类

根据不同的标准，文书有多种分类方法，一般来说，可分为三类。
1. 通用文书

通用文书是指在行政机关和企事业单位中普遍使用的、国家实行统一管理的文书，即公务文书，如命令、决定、公告、通告、通知、通报、议案、报告、请示、批复、意见、函和会议纪要等。

2. 专用文书

专用文书是指在一定工作部门或一定业务范围内使用的文书，如外交文书中的照会、外交声明等。

3. 常用事务文书

常用事务文书是指机关、企事业单位和团体在日常工作和事务处理中常使用的形式较为灵活的文书，如计划、总结、调查报告、演讲稿、慰问信、情况说明等。有些情况下，这些文书既可为公用也可为私用。

【经典案例】

辛苦的秘书

小王是某高尔夫会所的秘书，在她的办公室里，人们总是看到满目狼藉、一片繁忙景象。她常常在一摞摞的文件中不断地翻来找去，她的抽屉里总是堆放着满满的文件，她总是穿梭在办公桌与文件柜一段不算短的路途之间。她总感到时间不够用，一天到晚忙忙碌碌事情做不完。她生性优柔寡断，一件事情总是掂量来掂量去，想出好多种结果，生怕引人不快。对一些重要的又不太懂得的事，她总是采取逃避的态度，非拖到不能再拖的时候，才动手去处理，结果却因时间仓促，常常草草了事。一次老板出差，让她起草一份在董事会上的发言报告，她想到时间还有一周，不必着急，于是深思熟虑，决心好好给老板露一手。其后的几天，她忙于完成另外几件小事，突然一天上班之时，想到老板明天就要启程了，可是他要的报告还未见一字。结果是，一份本想轰轰烈烈、一鸣惊人的报告却变成了一份毫无特色、草草而就的文件。因此，尽管小王几年来一直兢兢业业、埋头苦干，但工作起色却不大，职位也一直没有得到升迁。

1. 案例分析

（1）办公室的工作比较适合女性，但是要做一个合格的秘书却不是一件简单的事。看看这位王秘书的表现，也许会对你有所启发。

（2）老板对某些秘书在工作中的拖沓、松懈、低效率做法确实感到难以容忍。

（3）老板需要的是工作井井有条，在办公室一呼即应的秘书；是在工作紧张时能自愿加班而毫无怨言的秘书；是用脑多于用手、善于时间管理的，而不是整天忙忙碌碌、穷于应付、毫无成就的秘书。

2. 实战演练

由学生分组进行发文、收文过程模拟，演练发文、收文过程。

【作业与思考】

1. 收文工作包括哪些环节？各环节分别需要注意哪些问题？
2. 作为××高尔夫会所秘书，请撰写一份人事调整通知，要任命刘××同志为会所常务副总，主要负责会所的销售工作，下发到俱乐部各个部门，并做好材料的发文工作。

项目二　日常工作会议组织

能力目标

1. 能够制作详细的日常工作会议举办方案。
2. 能够针对不同部门或行业性质调整日常工作会议的内容。
3. 能够备好日常工作会议各个环节的应急预案。
4. 能够灵活处理日常工作会议进行中遇到的各种随机问题。

知识目标

1. 掌握工作会议的基本概念与适用范围，熟悉其操作流程。
2. 了解日常工作会议的组织架构与相关规则。
3. 了解举办日常工作会议的目的与意义。

素质目标

1. 通过日常工作会议组织，培养组织能力。
2. 通过解决问题，培养主动服务意识和沟通协调能力。

召开会议是领导安排工作的途径之一，如何组织日常会议是一个秘书必须做好的工作。同时，高尔夫企业经常会承办相关会议，而承办会议的效果将直接影响外界对企业的印象。

【工作引入】

2013年3月25日周一，李丽成功应聘到××高尔夫会所担任运作部秘书，工作第一天，她就接到上岗后的第一项任务——组织召开下周的周例会。

如果你是李丽，面对这个任务你会如何着手？

【任务分析】

召开例会前需要准备相关材料，确定参会人员、议题、时间、地点、议程等相关内容，做好相应的准备工作。在开会期间做好相应的服务及会后的总结工作。

【操作步骤与标准】

成功的会议组织需要在会前、会中、会后做大量的工作。具体工作内容及步骤如下：

（一）会前准备

为了会议可以顺利的进行，会前准备工作是必不可少的，具体会前准备工作包括如下几个方面。

1. 确定主题或议题

根据会议内容，安排会议主题或议题。

2. 确定会议相关事项

包括确定会议名称、规模和规格，以及参加会议的范围或人员名单等。

3. 拟定会议议程与日程安排

包括拟定会议的时间与会期、会议具体议程和日程的安排。

4. 准备会议文件

包括会议文件的起草和印发。起草的文件主要有开幕词、讲话稿、工作报告、决议草案，起草的原则有的是秘书负责，有的是由秘书协助领导起草。承担文件起草的秘书应了解会议宗旨和会议的全面情况，紧紧围绕会议中心。文件的印制、分发应认真负责，保证质量，不出差错。

5. 落实后勤工作会务

准备阶段的后勤服务包括：（1）会议经费项目预算；（2）落实食宿，安排交通，做好卫生检查工作；（3）制作会议证件，包括代表证、出席证、列席证、工作证等，这些证件应事先印制好，以便及时发给与会者和工作人员；（4）制定会议的值班工作和保密工作方案。

6. 注意

在正式开会之际，查看是否有新的信息。如果有，需简要提前告知大家。

(二) 会中工作

在会议进行过程中，文秘人员要注意以下内容，避免影响会议进程及相关材料的收集工作。

1. 会议签到

按照会议签到工作的基本要求，完成会议的签到工作，随时掌握报到人数。

2. 发放会议用品

协助正确使用会场设备并发放会议用品。

3. 安排食宿

协助完成与会人员的食宿安排。

4. 会议记录

为会议记录做好准备工作，准备好足够的笔和记录用纸，要备有一份议程表和其他相关资料文件，需要核对相关数据和事实，以备随时使用。会议记录的内容，包括会议类型、时间、日期、地点、与会者姓名、会议过程等。要求真实、完整、简洁、准确。

5. 编写会议简报

会议简报反映会议进程、动态和主要问题，旨在协助领导掌握会议的全局和主要信息，以便及时指导。

6. 总结

在会议结束时，对已取得的结果进行概括。如确有必要进一步讨论，可以推迟到下一次会议；确定下次会议的议题和时间。

(三) 会后工作

会议的结束并不是全部工作结束的标志，会后工作的文件整理归档、经费结算、返程安排等工作均是会议工作的一部分，同时会议总结工作也将有效的推动各项工作的进一步开展。

1. 会议文件立卷归档

包括会议文件的收集整理工作和会议文件的立卷归档。立卷内容包括通知、领导报告和讲话、会议记录或纪要、会议简报、会议报道等，要求进行分类立卷归档。

2. 会议经费结算

有些会议要由与会代表向主办方支付一些必要的费用（如资料费、培训费、住宿费、餐饮费等）。应在会议通知或预订表中详细注明收费的标准和方法。开具发票的工作要事先与财务部门确定正确的收费开票程序，不能出任何差错。如果有无法开具正式发票的项目，应与会议代表协商，开具收据或证明。

3. 安排返程

根据会议日程，安排与会人员返程。

4. 会议总结

总结工作要以科学的绩效考评标准为指导。会议工作总结要根据岗位责任制和工作任务书的内容逐条对照检查。总结工作的方法：检查会议目标的实现情况和各小组的分工执行情况、将员工自我总结和集体总结相结合，以总结经验激励下属提高工作水平为目的。

【注意事项】

1. 会议协调

会议组织工作头绪繁杂、环节较多，每个环节之间相互关联、相互影响，一个环节出了问题就要影响下一个环节甚至整个会议。因此，应该重视会议工作的总体协调与安排，必须建立一套有效的指挥调度系统。

行政部门要做好会务工作总体协调，必须建立一套有效的指挥调度系统，并且明确岗位责任。必要时，应列出详细的任务分工表，人手一份，以备检查和落实，及时协调解决问题。例如，文稿起草、会务组织、会场布置、文艺演出、来宾接待、生活服务、安全保卫、交通疏导、医疗急救、电力保障等。

会议协调的方法与途径多种多样，要灵活运用，主动做好协调与安排工作。会议协调的要求如下：

（1）加强会议组织工作部门的建设，通过会议组织人员的素质和工作效率，树立良好的形象，取得各方面的信任。

（2）注重调查研究，广泛收集各方面的信息。

（3）争取领导同志的理解、信任和支持。

（4）充分发挥各相关工作部门的作用。

（5）顾全大局，求同存异，协调一致，建立良好的人际关系。

（6）善于将原则性与灵活性结合起来。

（7）遇到问题，应耐心细致、沉着冷静、稳重行事，注意留有余地。

（8）协调之后注意及时抓落实。

2. 会议质量控制

要做好会议的质量控制，应该注意下列几个方面的问题：

（1）注意会议的人员构成。与会者应组成合理的知识和智能结构，选择与会人员应多考虑那些具备相应专长、有能力发表见解的人。

（2）严格控制参加会议的人数。

（3）不开可开可不开的会。

（4）做好充分的会前准备，要做到让大家有备而来。

3. 控制会议成本

【相关知识】

会议记录的写作要求

　　会议记录是有关会议情况的笔录。一般用于比较重要和正式的会议。它的作用在于正确反映会议情况，以作为整理会议文件、总结经验、研究工作等存查备考的一种历史资料。比较重要的会议都有一个或两个以上的记录员。

　　会议记录的要求

　　(1) 准确写明会议名称（要写全称）、时间、地点和会议性质。

　　(2) 详细记录会议主持人、出席会议应到和实到人数；缺席、迟到或早退人数及其姓名、职务；记录者姓名。如果是群众性大会，只要记参加的对象和总人数，以及出席会议的较重要的领导成员即可。如果某些重要的会议，出席对象来自不同单位，应设置签名簿，请出席者签署姓名、单位、职务等。

　　(3) 忠实记录会议上的发言和有关动态。会议发言的内容是记录的重点。其他会议动态，如发言中插话、笑声、掌声、临时中断，以及其他重要的会场情况等，也应予以记录。

　　记录发言可分摘要与全文两种。多数会议只要记录发言要点，即把发言者讲了哪几个问题，每一个问题的基本观点与主要事实、结论，对别人发言的态度等，作摘要式的记录，不必"有闻必录"。某些特别重要的会议或特别重要人物的发言，需要记下全部内容。有录音机的，可先录音，会后再整理出全文；没有录音条件，应由速记人员担任记录；没有速记人员，可以多配几个记得快的人担任记录，以便会后互相校对补充。

　　(4) 记录会议的结果，如会议的决定、决议或表决等情况。

　　会议记录要求忠于事实，不能夹杂记录者的任何个人情感，更不允许有意增删发言内容。会议记录一般不宜公开发表，如需发表，应征得发言者的审阅同意。

【经典案例】

如此离场

××高尔夫会所承办了该省高协会员杯比赛，邀请协会的所有理事及会员参加，还有很多知名人士应邀参加了此次赛事，秘书李丽负责安排参赛会员的返程工作。在排除了自驾会员外，李丽想先解决容易预订的近处会员的车票问题，再慢慢解决北京、上海等远地难以解决的车票预订问题，而且她想当然地认为，只要为大家尽可能预订火车硬卧票就行了。结果，部分会员因不能及时拿到返程的车、机票而对主办方十分不满。有的会员拿到火车票后，又要求更换车次或改换机票，结果闹得大家不欢而散，使会员的会所认可度大打折扣。

1. 案例分析

（1）会议结束并不意味着工作就结束了，有外部人员参加的会议应根据会议的长短、外部与会人数的多少等情况及早安排与会人员的返程事宜。

（2）提前做好与会者的票务登记预订工作

● 应根据会期长短、外地与会人员多少等实际情况和人员的返程事宜，及早安排上述与会者的行程。

● 要事先了解外地与会人员对时间安排、交通工具的要求，尊重他们的意愿。

● 一般情况下，按先远后近的次序安排返程机票、车票的预订事宜，要掌握交通工具的航班、车次等情况，提前预订好飞机、火车、汽车、轮船票。

● 届时应编制与会人员离开时间表，安排好送行车辆，派专门人员将外地与会人员送到机场、车站、港口，待他们乘坐的交通工具启程后再返回，如有必要，还应安排有关领导为与会人员送行。

(3) 帮助与会者提前做好返程准备。
- 请与会人员及时归还向主办方或会议驻地单位借用的各种物品。
- 提请与会人员及时与会务组结清各种账目，并开好发票收据。
- 帮助与会人员检查、清退房间，避免遗忘物品。
- 准备一些装资料的塑料袋和捆东西的绳子等物品，以备急需。
- 尽量帮助与会人员办理大件物品的托运工作。

2. 实战演练

由学生分组，模拟做会前、会中、会后的相应工作，进行情境演练。

【作业与思考】

1. 谈谈会议主题与议题的重要性及如何确定主题。
2. 日常工作会议常见的签到方式有哪些及各自的操作方法？
3. 某高尔夫会所召开会员年终答谢会，请以总部秘书组负责人的身份撰写一份会议策划方案。

项目三　办公物品管理

能力目标

1. 能够正确、快捷地利用办公设备进行有效工作，提高工作效率。
2. 能够制定出完备的办公设备库存统计表及办公用品领取单。
3. 能够妥善保管办公设备，根据需要及时添置必需的办公用品。

知识目标

1. 熟悉添置办公设备和领取办公用品的程序。
2. 掌握对办公用品进行有效管理的方法。

素质目标

1. 通过办公物品的选购，培养独立自主意识。
2. 通过办公物品管理，能够控制成本。

不同的高尔夫俱乐部对办公物品的管理有不同的安排，有的设立单独部门进行管理，有些则直接由办公室行政秘书负责管理工作。

【工作引入】

××高尔夫会所行政秘书李丽负责俱乐部办公用品的管理。按照惯例，李丽每月都会对办公用品的库存与使用情况进行查看清点。这天，她查看办公用品库存记录，发现打印机耗材明显不足，需要购置。随后销售部秘书王敏来到秘书办公室，她要为本部门申请添置一台打印机，同时要领取两箱打印纸：一箱 A4、一箱 B5。

如果你是李丽，应该如何处理这件事情？办公用品的添置与领取的程序是怎样的？

【任务分析】

作为行政秘书要随时掌握办公用品的库存情况，有部门需要领取办公用品时要履行相应的手续。具体流程如下图所示。

操作流程

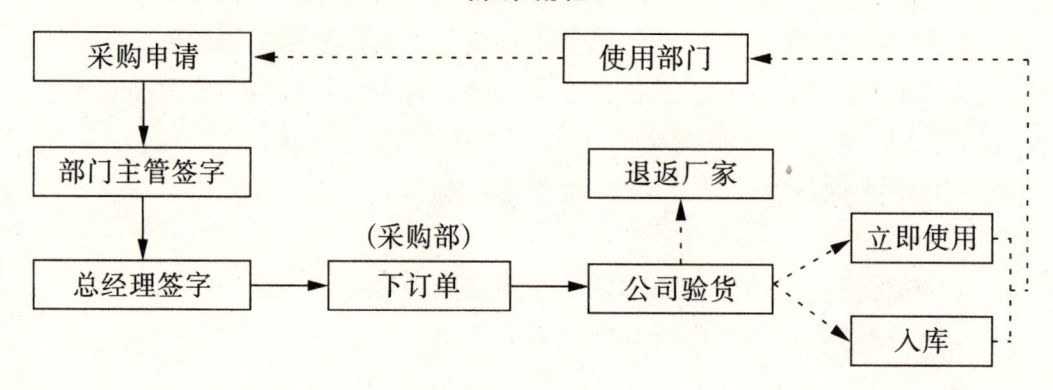

采购申请 ← ---- 使用部门 ← ----
　↓　　　　　　　　　　　　　　　　　　↑
部门主管签字　　　　　退返厂家
　↓　　　　　　　　　　　　　↑　　　　　立即使用
　　　　　　　(采购部)　　　　　　　↗
总经理签字 → 下订单 → 公司验货
　　　　　　　　　　　　　　　　　　↘
　　　　　　　　　　　　　　　　　　入库 ----

【操作步骤与标准】

要实现对办公用品管理规范化,需要从办公用品的购进、保管与发放、办公用品领用流程和库存管理等工作着手。具体工作内容如下:

(一)办公用品的购买和进货

1. 采购范围

办公所需低值易耗品、办公用品、电脑、电脑耗材及会所范围内组织各项活动所需物品等均属集中采购范围。

2. 采购原则

对于有一些办公用品,如笔、笔记本、胶带、纸等一些能预估数量的办公用品,原则上年初各部门统计报回,会所采购部进行集中采购,然后登记领取。

3. 特殊用品

对于其他无法预估的办公用品,如电脑、办公桌等的购置,由申请部门填写申购单,由总经理签字后交由会所统一购买。

4. 零星用品

对于其零星需要采购的办公用品,各部门根据实际情况,确定办公用品及办公设备耗材的品种,每月月底前各部门填写次月《办公用品及耗材申购单》报各部门,部门负责人员汇总各部门申购计划数,于月底前报会所采购部进行采购,其他时间一律不进行采购。

原则上办公用品不进行零星采购,确因业务需要临时采购的,需经总经理批准后方可购置。

（二）办公用品的保管与发放

1. 登记

办公用品与办公设备耗材购入后，各部门综合部应到会所采购部进行登记领用，而且各部门也要有内部领用登记表，做好登记。

2. 统计

综合管理部门做好原库存、进货数、发出数与结存数的统计。

3. 注意

下次领用办公用品时，必须出示内部领用登记表，核实后方可进行领用。

（三）办公用品领用流程和库存盘点管理

1. 领取与发放

办公用品由会所负责验收，并负责保管和发放，各部门由专门人员负责领取与发放。

2. 申领物品

计划内的物品在领料单上签字，计划外的须在申购单上签字。物品领用尽量做到以旧换新，减少浪费。每个月管理人员根据领料单的领用情况，编制《当月计划内办公用品领用情况表》，经行政部主管复核确认后，交采购员汇入物品采购计划表"当月领用"一栏。

3. 盘点库存

每月月底前，采购员、库管员需一并盘点计划内物品库存情况，由库管员编制《计划内物品库存盘点》，以真实反映在采购办公用品采购计划表的"当月库存"。计划表中当月库存数=上月库存数+当月采购数-当月领用数，此当月库存数必须和实际库存盘点数目一致。

【注意事项】

秘书对办公物品的管理直接影响到办公人员的工作效率，因此，要保证办公物品适时、适量、按需要发放，并对办公物品进行科学、有效的管理，才能最大限度地提高办公效率。

1. 办公用品的购买和进货

秘书要根据实际用量和库存情况制定合理的办公物品购置计划，并将该计划提前一个月报至主管领导批准后购置。特殊办公用品、低值易耗品和通信设备必须经主管领导批准后由会所负责统一购买。但有些紧急需求的小件办公物品秘书可以直接购买。

2. 办公用品的保管与发放

办公用品进库后，必须保存在安全的地方并有序摆放，以防物品损坏、浪费或失窃，还要消除事故和火灾隐患，而且当需要时又很容易找到。

3. 办公设备和用品的库存管理

企业在运营中，所需要的办公用品、消耗品、小型办公室设备应当得到满足，但又不能占用大面积的库房和积压大量的存货，因此，需要建立库存记录。库存记录可以用手工记录在一连串的库存记录卡上，也可以在电脑中使用库存控制软件包、电子表格或数据库。无论使用什么系统，都记录同样的信息。

【相关知识】

制作办公设备基础文件

1. 制作办公设备购置工作文件

按照办公用品添置程序，秘书首先应制作一整套办公物品购置工作的基础文件，如办公用品审批单、预算表、申报单等。要具体说明购置用品的时间、地点、部门名称，标明购置原因、品名、规格、单价、数量、经手人、审批意见、签名等（表2-1、表2-2）。

表2-1　××高尔夫会所办公设备预算表

编号	品名、品牌型号	功能说明	单价	数量
1				
2				
3				

表2-2　××高尔夫会所添置办公设备申报单

部门：　　　　　　　　　　　　　　　　　　　年　　月　　日

序号	物品名称	规格型号	数量	单价
1				
2				
3				
添置理由				
部门负责人意见（签章）				
资产处意见				

2. 制作办公设备管理基础文件

办公用品的管理也是秘书工作中非常重要的一项内容，为提高办公效率，加强办公设备的管理，秘书需在事先制作出相关的基础文件，如办公用品领用单、办公用品发放登记表等（表2-3、表2-4）。

表2-3 办公用品申请单

部门：　　　　　　　　　　　　　　　　　　年　　月　　日

名称	规格	单位	数量	用途	备注

资产管理部门：　　　　部门负责人：　　　　经手人：

表2-4 办公用品领用登记表

领用时间	物品名称	规格型号	数量	领用部门	领用人	经手人

3. 办公设备购置与管理流程

办公设备购置与管理要严格按照流程操作，首先要报请领导批准，然后进行采购，并且建立台账由专人负责管理，各部门取用时需填写办公用品领取单，具体流程如下图所示。

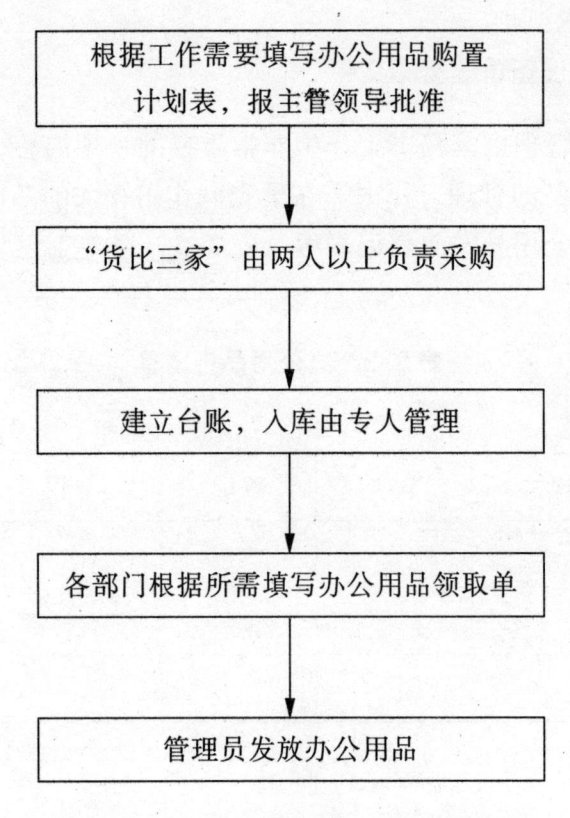

```
┌─────────────────────────────┐
│ 根据工作需要填写办公用品购置 │
│    计划表，报主管领导批准    │
└──────────────┬──────────────┘
               ↓
┌─────────────────────────────┐
│ "货比三家"由两人以上负责采购 │
└──────────────┬──────────────┘
               ↓
┌─────────────────────────────┐
│    建立台账，入库由专人管理  │
└──────────────┬──────────────┘
               ↓
┌─────────────────────────────┐
│各部门根据所需填写办公用品领取单│
└──────────────┬──────────────┘
               ↓
┌─────────────────────────────┐
│      管理员发放办公用品      │
└─────────────────────────────┘
```

图2-1　办公设备购置与管理流程图

【经典案例】

丢失的申报单

李丽是××高尔夫会所的秘书，各部门办公用品的领取都要找她。李丽一直以来都做得很好，各部门领用办公用品从没有出现过问题，直到这一天：

"喂，李丽，我们马上就要比赛了，怎么申请的传真机还没到啊？"预订部的赵玲玲一脸怒气地出现在李丽面前。

"呃～～～～"李丽一脸茫然,"你们什么时候申请传真机了啊?我怎么不知道?"

"怎么可能,我明明按照会所要求把申请单都填好给你了啊。"赵玲玲也在纳闷,"都多长时间啦,以前你的效率可不是这样的啊,怎么最近忙糊涂了啊?"

"不会啊,我的申请单都在这儿,没有你们的啊?"李丽一边说一边翻出一沓《添置办公设备申报单》。

"是没有哦,不对啊,我明明填写了啊,还找领导签字了呢,"赵玲玲也在纳闷……"啊,我想起来了,那天你没在我就放你办公桌上了,该不会是被风吹走了吧?"赵玲玲满脸的着急。

"哎呀,要真是那样可遭了,"李丽也很着急,"没关系,我们一起想想办法,一定能解决的,别着急。"

"这可怎么办啊,这下我可耽误大事了,怎么办啊?"赵玲玲都快哭了。

看到赵玲玲的样子,李丽也很着急,可是按照规定,没有领导签过字的《添置办公设备申报单》她是没有权利给出任何东西的,更何况是传真机这种"大件"物品。

"这样吧,你们毕竟要有比赛,事情一定特别多,我先借给你一台旧的吧,你给我打一个借条,到时候你再补个申报单给我,我给你买个新的再换回来,你看行不行?"李丽绞尽脑汁终于想到这个办法。

"太好了,姐姐,这个办法太好了,谢谢姐姐哦!"赵玲玲感激的不知道说什么好,"姐姐,我现在就给你打借条。"

"呵呵,谢我就算了,不过你可要保证我的传真机不出差错的回来哦,有一点儿问题我可是不同意的。"看到赵玲玲的问题解决了,李丽的心也放了下来……

1. 案例分析

(1) 办公室秘书的工作不只是照章办事,有时还需要灵活的随机应变能力,无论何时都要想办法解决工作中的难题,这才是一个优秀的秘书,只有把各项工作都想到前面才能够很好的完成秘书工作。

（2）本案例中李丽的行为能够想同事之所想，急同事之所急值得赞赏，不过她私下做主就不值得提倡了，还需要大家给出一个切实可行的方案。

2. 实战演练

请学生自己起草办公用品管理办法，并在同学间进行分析，是否适用。

【作业与思考】

1. 制定办公用品和耗材的进货、发放和管理办法。
2. 简述办公设备及办公用品接收的程序。
3. 起草一份办公室复印机、传真机、打印机使用管理制度。

模块八　会员服务

高尔夫会所一般采取会员制，会员与宾客的消费活动中，可感受到回家的氛围。顾客如何成为会员、会籍如何管理、如何让会员成为会所稳定的消费群体就需要会所与会员保持经常性的双向沟通，树立"以客户为中心"的服务理念。这种理念必须深入到会所的制度中，通过服务保证会员终生价值的实现。会员服务的目的就是将会所的会员作为最重要的资源，通过完善客户服务和深入分析客户来满足客户的需求。

项目一　办理会员卡

能力目标

1. 了解会员服务作用。

2. 了解会员权益和会员服务质量管理。

3. 掌握办理会员卡的程序和步骤。

知识目标

1. 了解会员服务作用。

2. 了解会员权益和会员服务质量管理。

3. 掌握办理会员卡的程序和步骤。

素质目标

1. 培养高尔夫礼仪。

2. 培养服务意识。

3. 培养沟通协调能力等。

会员部是会所专门为会员服务而设立的部门，它通过提供快速、周到、优质的服务来吸引及维持客户，促进会所的销售和市场地位的提高。

【工作引入】

琳达是一家会所的客服工作人员，她所在部门是会员部。该会所为不同级别的会员提供了许多个性化服务。琳达所在的会所现有会员80名，今年本地又增加了两个球场，竞争非常激烈。2013年的春天，琳达接到了一位集团老总李先生的电话咨询。李总是一家房地产企业的老总，对高尔夫一无所知，朋友推荐让他接触一下高尔夫。经过琳达的热情接待，李总决定购买终身会籍卡。

如果你是琳达，如何为李先生办理入会手续？

【任务分析】

一些顾客虽然成为该会所的会员，但可能对新球场的产品更为满意，可能会到其他球场消费。琳达在接待初学者李先生时，务必要提供优质服务，尽管是办理入会手续，也要耐心细致地告知会员权益、会员义务等。

【操作步骤与标准】

为客人办理会员卡一般依照入会资格审查、核实合同款项、签署申请表和会员合同、交款并开具发票、会员合同盖章、会员资料存档、办理正式会员卡及球包牌、发出欢迎函和临时会员卡、交客人合同和会员卡等9个步骤进行。具体步骤如下：

1. 入会资格审查

（1）审查申请人年龄是否符合会所办理会员卡年限。
（2）审查申请人的整体消费能力和社会地位是否在同一水平。
（3）审查申请人的个人信誉度及支付能力。
（4）有些俱乐部还需审查入会人员的差点。

2. 核实合同款项

与客户核实会员合同中的重要条款，如会籍价格、会员权益、会员义务等。

3. 签署申请表、会员合同

对于必填项，一定请顾客填写完毕，然后在下方签名确认。

4. 交款、开具发票

（1）在会所审批会员入会资格时，会籍费用、月费等款项应由财务部审核。
（2）申请人入会一般为一次性将会费及其他所需交纳的费用直接汇入会所指定账号。

（3）为交款客人开具发票。

5. 会员合同盖章

会员交款后，会所在合同上盖章。

6. 会员资料存档

将签署合同、会员资料存档。

7. 办理正式会员卡及球包牌

（1）会员入会后 20 个工作日内市场部应为其办理好正式会员卡及球包牌，并于 30 个工作日内办理好会员资格证书。

（2）对于分期付款的会员，须在其付清所有入会款项之后，方可领取资格证书。

（3）会员在领取以上三种证件时须将临时会员卡及领取确认单交回。

8. 发出欢迎函和临时会员卡

（1）会员合同生效后，由市场部向通过审批的申请人发出欢迎函和临时会员卡。

（2）市场部销售代表负责跟进会员在"临时会员卡"上的签名。

9. 交客人合同和会员卡

将制作好的会员卡和签署的合同交予客人，请客人妥善保管。

【注意事项】

（1）客人在合同上签名后，财务确认收到款项，公司再签字盖章。

（2）为客人制作会员卡可能需要一段时间，需先发放临时会员卡，便于会员签署合同后即可享受会员待遇。

【相关知识】

附属卡申请程序

凡会员之合法配偶及年龄 12~18 岁的未婚子女，均可申请成为附属会员。会员在申请附属卡时，首先需认真、详实地填写《会员附属卡申请表》。"会员签名"一栏须由会员本人签名，如申请配偶附属卡，应提交有关证明文件；如申请子女附属卡，须提交身份证件的复印件或其他有关身份证明文件。经审查无误后，提交会所各级领导批准后，接受该会员的申请，并在规定工作日内发给其附属卡。会员申请附属卡的时间最短不少于 6 个月。会员附属卡月费由会员一同于每年 12 月底前一次付清。

【经典案例】

讨价还价之后

周末的某一天，会员部的小李像往常一样工作，这时销售员小云带着一位客人走进会员部办公室。小李忙站起身迎接，热情的与小云和客人打招呼。经小云介绍，这位客人欲办理入会，需要小李的协助。因为本会所规定，销售员不得私自为客人办理会员卡。小李请客人入座后，忙拿出入会申请表、会员合同等文件，请客人仔细阅读并将重要须知告知客人。

客人半开玩笑的说："你们回扣是多少？"

小李笑着回答："先生，您真会开玩笑，我只是一名普通的会员部工作人员。"

客人又说："我听说你们会所曾因未履行会员权益被告上法庭，有这事吗？"

小李依然耐心解答客人的问题。

正在填写申请表的时候，客人突然提出，要求价格优惠，否则就不在这儿买卡了。小李的职责范围之内是不受理讨价还价的，而且看这阵势是有备而来的。小李忙向客人解释，工作人员无权定价，并请来了销售员小云，在两人的解释下，这位客人又继续办理了会员卡。

之后的办理事宜非常顺利，小李按照原则办事，也得到了客人的认可。

1. 案例分析

（1）介绍客人时，要遵从将他人介绍给尊者、长者的顺序，销售员小云将小李介绍给客人，而且介绍同时已经让小李知道对方是王总了，符合介绍礼仪。

（2）会员部工作之一就是接待会员、为会员办理入会手续，涉及到的重要事项要让客人认真核实。

（3）小李灵活应对客人的责问，并能严格按照原则办事，符合职业道德。

2. 实战演练

参考以下内容，分组演练会员接待过程。

员工：您好。

客人：您好，我想找一下会员部。

员工：这里就是。有什么可以帮到您？

客人：我想问一下，非会员可以来打球吗？

员工：可以，只是价格不同。

客人：请问怎么收费。

员工：我们打球的价格分会员、嘉宾、访客三种。

客人：费用有什么不同吗？

员工：只是果岭费用不同，其他费用一样。请您参考我们的价目表。

客人：贵会所有几类会员？

员工：三种：个人会员、公司会员、平日会员。
客人：这球场设计有多少个洞？总杆多少？
员工：共27个洞，108标准杆。

【作业与思考】

搜集5家以上球会的会员卡，比较其种类、价格、权益等异同，并调查分析会员对球会服务的满意度如何。

项目二　管理会籍

能力目标

能根据实际情况协助会员管理会籍。

知识目标

1. 掌握会籍转让程序、步骤。
2. 掌握会籍更名、继承程序、步骤。

素质目标

1. 遵守会所规定。
2. 培养服务意识。

会籍是一种资产，有序、严谨的会籍管理，能促进会籍保值、增值，有效维护会员的利益，防止会员流失。会籍管理能促进会籍保值、增值，有效维护会员的利益，防止会员流失。

【工作引入】

赵总欲购买某会所会籍，请为其介绍会籍并为其办理终身会籍卡，价值 100 万元。赵总欲出国，他的会籍卡怎么办？赵总拖欠 3 年年费，请为其办理转让手续。在会员部工作人员的协助下，赵总会籍卡转让给了周总。若干年后周总去世，他的卡将何去何从？

【任务分析】

只有会籍管理规范化，会员的合法权益才能得到维护。会籍可以转让、继承，会籍管理的基本内容就是规范入会、转会、退会程序和要求。此任务中赵总会籍经过购买、转让，周总去世后需要办理继承手续。

【操作步骤与标准】

会籍管理一般情况下包括会籍转让管理、公司内部转换提名人、会员除名或停籍管理、会籍继承管理、会员年费收取等方面。具体步骤如下：

1. 会籍转让管理

（1）会员将转让申请书递交至销售代表。
（2）文员初步审核后，提交市场营销部总监审核确认，交由会所总经理审批。
（3）将总经理转让审批文件交由财务部，审核转让人是否有未缴清之费用。
（4）如未缴清不予转让，转让人需缴清所有欠款后方可转让。
（5）若递交资料不齐全，则让会员或销售代表补齐资料。
（6）审批后由转让方/受让方及所属销售代表三方到场方可办理转让手续。
（7）受转让方按新入会会员流程办理入会手续。

2. 公司内部转换提名人

（1）申请人提交转换提名人申请书。
（2）提供有关文件及签名，加盖公司印章。
（3）会所批准后办理转名手续。

（4）收取转名费。

3. 会员除名或停籍管理

（1）对于有损会所名誉，或破坏会所秩序，或其他违反会所规定，或触犯国家法律的个人，会所有权根据会所章程给予除名。

（2）对延迟缴纳年费或其他费用的，经书面警告3个月仍不履行，给予停籍，待全部费用缴齐后给予恢复。

（3）对发生被理事会确认须处分行为的会员，视其情节轻重给予停籍或除名。

（4）对除名的会员收回会员卡，保证金、入会费等不予退还，该会员资格由新招募会员补充。

4. 会籍继承管理

（1）个人会员在死亡，或丧失行为能力，或永久性离境等情况下，其会员资格可由1名法定继承人继承，办理更名手续，缴纳相应的手续费。

（2）法人会员在该法人破产、企事业解散，或遇到重大诉讼案时，其会员资格可由法人的债权人继承，办理更名手续，缴纳相应的手续费。

5. 会员年费收取

（1）会员部员工出单、催收、收款登记、核销、归档等程序。
（2）会员部与财务部核实确认后将会员缴费单寄出。

【注意事项】

（1）在审核会员转让申请时，要查看是否满足会所规定的会籍转让年限规定。

（2）会所内部转换提名申请文件印章须与入会申请表中的印章相一致。

（3）明确会员内部转名不是指会籍所有权的转让，而是指内部提名人转变。

【相关知识】

缺席会员申请程序

任何个人或公司会员若迁离或离开中国6个月以上，可向会所申请成为缺席会员。缺席期间会员无须缴交会籍月费。欲申请成为缺席会员，须先缴清所有欠会所的费用，并至少提前15天向会所递交书面申请书。缺席会员须向会所交回所有的会员卡及附属卡，直至恢复其正式会员身份。在缺席期间，缺席会员、其配偶及子女均不可享受会籍涵盖的权利。缺席会员或其配偶、子女可以访客身份打高尔夫球及享受会所服务设施，并以嘉宾身份支付有关费用，若会员欲申请将缺席会员转为正式会员，需以书面形式通知会所或会所将在申请转为缺席会员两年后，自动将其恢复正式会员身份。

【经典案例】

"辗转"的会籍卡

某公司赵总在朋友孙总的推荐下来到了山地森林式冠军球场——铁岭龙山国际高尔夫会所。正巧这天晴空万里，赵总在会员部小武的安排下下场打球了。今天赵总发挥的格外好，或许是天时地利人和吧，球童小王在为赵总服务的过程中，为其提供了针对每个球道的打球策略，以及果岭的分析，这样一来赵总对这家会所产生了一定的好感。

在回到会所之后，便找到会员部小武准备买会员卡。小武很热情地接待了赵总，首先为赵总讲了自家会员卡的好处及其本身的特点，也向赵总说明自家会所的球场与别家会所相比的差异，又根据赵总自身的条件为他推荐了一张适合他的会员卡。赵总看小武很实惠，所以很快决定在他这买了一张100万元的终身会员卡。

之后赵总因公司决定被派到美国总部上班，这张会员卡赵总就再难享受了，所以他给会员部小武打电话问应该如何处理，小武告诉赵总可以转让。然后赵总便向他的朋友周总打电话，问周总是否需这张会员卡，周总了解了赵总的情况后，便和赵总办理转让手续，在办理时，发现会员卡有1年的年费没有交，后来赵总交了年费，最后成功办理了转让手续。

若干年后周总离开了人世，这张会员卡就由周总的儿子继承了。会员部工作人员帮助周总儿子办理了更名手续，并缴纳了相应的手续费。

1. 案例分析

（1）本案例中会员部小武工作非常灵活，虽然他不是主要从事销售工作，但能适时抓住时机，满足了客人需求，也为会所创造了利润。

（2）会籍管理工作繁琐，转让、催缴年费、继承等手续要按照操作标准进行。

2. 实战演练

学生分组，按照以下情景对话进行会员接待练习。

| 客人：贵会所的会籍价格多少？
员工：之前会籍市价60万元。
客人：现在可以购买吗？
员工：非常抱歉，现在停止销售了。
客人：有没有其他方式成为会员呢？
员工：您可以接受其他会员的转让。 | G: How many is the membership fee of your club?
S: The mark price of membership fee was 600,000 yuan.
G: Can I get one now?
S: I am sorry but the sales is stopped now.
G: Are there any other ways to become a member?
S: You could get the membership transfer from other members. |

【作业与思考】

在为会员办理除名或停籍手续时，要注意什么问题？

项目三　会员事务处理

能力目标

1. 能按照会所规定及会员要求，为会员办理高球差点卡、球包寄存、专用更衣柜租用服务，以及会员证遗留与补办、高尔夫一杆进洞获奖登记等工作。
2. 能进行日常会员事务管理工作。

知识目标

掌握为会员办理事务的程序。

素质目标

1. 培养分析问题的能力。
2. 培养客户至上理念。

会员事务处理内容繁琐，涉及会员需求的方方面面，除了满足会员日常打球服务需要，还要尽可能满足会员其他需要，工作人员需耐心、细致、专业地满足会员的各种需求。

【工作引入】

2013年10月的一天，会员王女士又一次来到会所打球，此时发现她的会员卡丢失了，她来到会员部补办会员卡，工作人员小李立即协助王女士登记并填写补办申请，王女士表示过几天去英国度假，需要办理差点卡以便国外有些球场使用。王女士还想继续打球，小李便带领王女士到前台开卡。王女士发挥特别好，8号洞打了一个一杆进洞。按照会所规定，一杆进洞要有奖励并在所打球洞处标示，小李马上着手办理此事。

【任务分析】

会员事务处理需要工作人员耐心、细致、专业的服务，此任务中会员王女士丢失会员卡后需要补办会员卡，之后需要办理差点卡、做一杆进洞登记，这些事务需要工作人员按照球会规定认真办理，满足会员的需求。

【操作步骤与标准】

会员事务处理内容有协助会员补办会员卡、办理高球差点卡、球包寄存、专用更衣柜租用服务、会员证遗失与补办、一杆进洞登记等。具体步骤如下：

（一）办理会员高球差点卡

1. 提交表格

（1）办理会员高球差点卡时，会员需收集5张计分卡。
（2）填好申请表后一起交到会员事务部。

2. 协助审核

（1）会员部工作人员通过会籍销售管理部门对申请人的资格进行审核，同时通过高球运作管理部门对申请人的高球竞技记录做出认可。
（2）按照球会规定的会员待遇使用会员高球差点卡。

3. 会员领取

（1）及时通知会员领取会员高球差点卡，提示有效时间和付费标准。

（2）请会员只有持会所办理的有效差点卡方可预订及使用会所差点球场。

（二）办理球包寄存

1. 协助办理

（1）会员事务部协助会员办理球包寄存服务，填好申请表后交到会员事务部。

（2）按照会所规定的会员待遇办理会员球包寄存时，需要通过会籍销售管理部门对申请人的资格审核。

2. 提交审核

（1）会员办理球包寄存服务时，需要办理球包牌；会员需要递交彩色照片一张，并在照片背面清楚记录会员姓名及会员证号码；要在登记表上记录交付高球运作管理部门对球包牌持有人的备案。

（2）提示会员签收球包牌和付费标准。

（三）专用更衣柜租用服务

1. 协助办理

（1）会所只为会员办理专用更衣柜租用服务，填好申请表并交到会员部。

（2）按照会所规定会员待遇办理租用手续时，需要通过会籍销售管理部门对申请人的资格审核。

2. 提交审核

（1）会员办理专用更衣柜租用时，需要在登记表上记录租用期，登记会员制号码及更衣柜号码，交付大堂接待部更衣室对专用更衣柜租用人的备案。

（2）提示会员签收专用更衣柜的钥匙和付费标准。

（四）会员证遗失与补办

1. 协助办理

（1）会所只为会员办理会员证遗失与补办手续，请会员交照片一张并作书面申请，填好申请表并交到会员部。

（2）按照会所规定会员待遇办理会员证遗失与补办手续时，需要通过会籍销售管理部门对申请人的资格审核。

2. 提交审核

（1）会员在没有办理会员证遗失与补办手续前参加高尔夫球赛事，还需要通过高球运作管理部门对申请人的高球竞技记录的认可。

（2）提示会员证遗失与补办手续的时间和付费标准。

（五）高尔夫一杆进洞获奖登记

1. 登记备案

（1）一杆进洞奖获得者需由所服务球童，持计分卡（计分卡要有同组打球见证人签字）一同到会员部办理登记。

（2）将详细资料呈送会员部和高球运作部备案。

2. 公布奖励

（1）根据会员或者嘉宾提供的资料制作证书和奖杯，会员免收证书和奖杯制作费用，非会员需收取证书和奖杯制作费用。

（2）在办理登记手续后清楚提示获奖者奖项及证书、奖杯、奖品的领取时间。

（3）提示获奖者：一杆进洞获奖者领取奖品需亲自办理签收手续。

【注意事项】

（1）会所规定没有记录的配偶或子女的会员不能通过申请。

(2) 计分卡的记录不承认半场或灯光球场的记录。

(3) 会所规定差点卡不适用于初级球手，有效差点卡才允许于繁忙时段订场。

【相关知识】

会员期望需求内容

1. 环境氛围

会员打球过程追求的是一种经历、体验，会所应提供轻松、高雅的氛围环境，帮助客人享受打球的乐趣。人是社会中的一员，这就要求员工和球童与球手保持友好关系，让球手得到尊敬和赞美。

2. 个性化服务

会员希望在会所消费时能够展现自我，希望能像在家一样根据自己的个性化需求提供量身定做的服务。所以，高尔夫会所的服务不应只是关注所提供的产品或服务，而更应重视其服务过程本身。员工拥有专业知识和技能，特别是球童具有专业知识水平，才能在服务中提供个性化的服务，满足会员相应的要求。

3. 会所知名度

球场的品质和会所的品牌是提升球场知名度的良好手段。这增加了会所的信誉度，是一种无形的资产。会员往往以拥有一个较高知名度的会所为荣。

4. 归属感

会员加入会所就是希望能得到会所的重视和容纳。它包括三个方面的内容，一是通过会所平台结交朋友、交流情感；二是渴望参加会所的社会活动，与会员间相互关心并在事业上相互帮助；三是希望会所能提供综合的、多方位的服务，如代为接送飞机、安排住宿或旅行等。

【经典案例】

女更衣柜的数字

王女士是位南方人,任职于北京某外资酒店高级管理岗位,此人属于服务行业挑剔性极强的客人。她是北京×××高尔夫会所的会员,由于经常来会所打球,在销售员小赵的建议下,在此处办理了会员高球差点卡。又由于长期供职于外资酒店,对服务行业特别熟悉。每次到会所打球,工作人员都会提供宾至如归的服务,让王女士对会所的服务非常满意。王女士经常来这家会所打球,所以她索性就把球包寄存在会所了。

会所为给每个会员免费配备更衣室的专用更衣柜。王女士拿着消费卡到更衣室准备换衣服,服务人员引领王女士到她的更衣柜前,并帮她打开36号更衣柜。王女士看到这个更衣柜号,一脸不悦,非常生气地要服务人员帮她更换衣柜。服务人员一脸茫然,问王女士是我们有什么服务不周到的地方吗?王女士态度依然十分不好。经理闻讯赶到更衣室,一面仔细观察更衣柜,发现更衣柜的号码是36号,想起王女士是南方人(南方人忌讳36),立即诚恳地表示歉意,给王女士更换了更衣柜。当日,在王女士打球过程中,会所为其送上会员礼物。王女士对会所管理应变能力与服务水平给予高度评价。

王女士出差时一不小心将她的会籍卡弄丢了,之后她便联系上了销售员小赵,和他说了她的会籍卡丢失的事情,并咨询补办的相关手续。销售员小赵让王女士交了照片一张并为其做书面申请,填好申请表并提交,并按照会员的待遇办理完成。

1. 案例分析

(1) 会员的服务消费需求是为满足会员本身的物质和精神需要,这是高尔夫会所会员的消费共性。而会员的服务消费需求除了具有普遍的共性外，还有着各自不同的特点，从而使每个人的服务消费有着各自的个性特点，这就是服务消费需求的特殊性。因此，针对不同的顾客需要，有着各自的服务重点和服务特点，从而满足不同顾客的心理和精神需要。

（2）本案例中把爱挑剔的女会员对会所不满意的安排变成对会所的歉意与好感，充分体现了该高尔夫会所高质量的服务水平。会员永远是对的，有经验的管理人员就必须把事情处理好，会员才会喜欢会所。

2. 实战演练

学生分组模拟王女士和小李，按照会员一杆进洞操作步骤和标准，协助王女士办理一杆进洞登记，同学互相检查指导。

【作业与思考】

查阅资料，国内外哪家会所有差点球场，是如何运营的？

模块九 其他服务

餐厅被称为俱乐部的第19洞，客房及康体中心是客人休息及休闲娱乐的场所。这些配套设施的充分利用能够提升会所的档次，为客人提供更加全面的服务。严格的管理能够为会所赢得良好的口碑，是不容忽视的环节。

项目一 餐厅服务

能力目标

能够根据餐厅服务流程为客人提供接待、点菜、上菜、送客等服务。

知识目标

1. 了解俱乐部餐厅的功能。
2. 掌握餐厅服务的流程。

素质目标

1. 掌握一定的沟通技巧,学会微笑服务。
2. 遵守服务行业规定,注意服务规范。

会所餐厅主要是为会员到球场打球提供日常餐饮服务,菜品以快餐为主。顾客到餐厅消费食品、菜肴、饮料等不同种类的餐饮实物,以解饥渴、补充营养等生理需要。

【工作引入】

会员刘先生打球回来带着三位朋友来到餐厅就餐,刘先生想让他的朋友们尝尝餐厅的特色菜品。通过询问,刘先生的一位朋友是回族,另外一位朋友不吃辣椒。

如果你是餐厅服务人员,该如何为他们提供点餐、上菜、送客等服务?

【任务分析】

会所餐厅主要是为会员到球场打球提供日常餐饮服务,菜品以快餐为主。在为客人点餐前,要询问客人的饮食喜好以及特殊要求,力求为客人提供全面而贴心的服务。

【操作步骤与标准】

为适应客人的要求和特点,球场的饮食服务必须遵循"方便客人、快速高效"的宗旨，以优质的食品、周到快捷的服务来满足顾客的需求。具体步骤如下：

1. 招呼客人

（1）看到宾客时：当宾客看到我们时，给宾客微笑点头，注视宾客。

（2）迎面看到宾客时：放慢脚步，站立一边，对宾客微笑点头，向宾客打招呼。

（3）工作上看到宾客：暂停手中工作，对宾客微笑点头，注视宾客并向其打招呼。

（4）宾客过后看到我们：对宾客微笑点头，注视宾客。

2. 引客入座

（1）有的餐厅提供预订餐桌服务，服务员应了解客人是否有预订。如有预订，应查阅预订单或预订记录，将客人引到其所订的餐桌。

（2）对于没有预订的客人，应根据客人人数的多少、喜好、年龄及身份等选择桌位。同时，还应考虑到餐厅的平衡，避免某些餐桌太繁忙。

（3）选定餐桌，引客入座。服务人员手持菜单并说："请这边来"，在客人之前先到餐桌。如果桌子需要另加餐具、椅子时，尽可能在客人入席之前布置妥当，不必要的餐具及多余的椅子应及时撤走。另外，为儿童准备特别的椅子、餐巾、餐刀等。

（4）客人入座的顺序是：为女士选择位置并帮助入座。在大的团体里，要先为年长的女士入座，需要时再帮助其他女士。

3. 呈递菜单

（1）客人坐稳后，可以根据客人的需要提供餐巾。

（2）领班把菜单从客人的左边递给客人。对于夫妇，应先递给女士。如果是团体，应递给主人右手的第一位客人，然后沿着餐桌逆时针方向依次递给客人。如果主人表示为其全体成员点菜，菜单要分发下去一部分，服务员只收递回来的菜单。

（3）客人在看菜单时，服务员应迅速按照需要撤走或增加餐具。

4. 解释菜单内容

服务员应对菜单上顾客有可能问及到的问题有所准备。对每一道菜的特点要予以准确的答复和描述：哪些菜是季节性的、哪些菜是特制的，每道菜需要准备的时间，以及菜的装饰、菜的销售情况等。

5. 点菜服务

（1）推荐餐前饮品：在接受客人点菜前，服务员应有礼貌地问客人："诸位喝什么茶水（饮料）？"对外宾可以说："我可以给您上杯鸡尾酒吗？"征得客人同意后，给客人端来所点饮品。

（2）点菜的次序：服务员应站在客人的左侧。先询问主人是否代客人点菜，得到明确答复后再依次进行。若顾客仅两位且为异性时，习惯上先问女士以示尊重，除非是伴侣另有吩咐。当主人表示客人各自点菜时，服务员应先从坐在主人右侧第一位客人开始记录，并站在客人的左侧按逆时针方向依次接受客人点菜。

（3）点菜结束详细重复菜名。

6. 上菜服务

目前大多数中档以上餐厅设有专职传菜员，负责传递菜单和菜点。在中餐中的小型餐厅和一些西餐厅中，为降低劳务成本，由服务员直接传递菜单和端取点菜。

（1）服务员需要通过已掌握的基本烹调知识来估计准备好菜的大概时间。应尽可能在菜品准备好时就取走，以保证正常的服务速度。

（2）有的餐厅有特殊的呼叫系统来通知服务员菜已经准备好了。

（3）端取菜品时，服务员常需要组合伴随物和服务用具。

（4）一般先取凉菜，再取热菜。同一托盘里，冷热要分开放。

（5）离开厨房前，服务员应按客人点菜记录两次检查所有的点菜是否准备齐全，然后告诉厨师某桌号的点菜已取走，最后从菜单架上取下点菜记录单。

（6）所有点菜都要按标准分量和相应烹调方法准备。

（7）应尽量给同桌客人同时上菜。

(8) 保证盘、碟、碗边没有溢出的食品，保证所有服务工具都在托盘内。

(9) 从厨房到餐厅前每一个托盘都必须经过检查。

(10) 当上齐菜后，还必须询问顾客是否还需要些什么。

7. 送客出门

(1) 客人用餐结束后，服务员或领班应征询客人对饭菜和服务的意见（可在客人未离座时或在送客人离开时征求）。

(2) 当客人就餐完毕起身离座时，服务员要拉椅，协助疏通走道，并进行衣物服务，为宾客取衣，协助客人穿好，礼貌提醒客人不要遗忘物品。

(3) 如客人要将没吃完的食品打包带走，服务员应及时提供打包服务，用专用的饭盒盛装食品后装入专用塑料袋，以便客人携带。

(4) 送客至餐厅门口，微笑着向客人礼貌道别，"谢谢，请走好，欢迎再次光临"。再由迎宾员将客人送出餐厅（一般走在客人身后，在客人走出餐厅后再送一、两步），边送边向客人告别（也可征询客人意见）并向客人表示感谢，同时欢迎客人再次光临"谢谢，再见，欢迎再次光临"，并要躬身相送（即使客人看不到也要背后行礼），如果有车要为客人进行开车门服务。

(5) 大型宴会结束后，服务员应列队在餐厅门口欢送。

【注意事项】

(1) 餐厅服务人员应以真诚的态度迎接到会所餐厅用餐的客人，要用礼貌语言愉快地打招呼，并使他们真正受到尊重和欢迎。

(2) 点菜时，要做好推销工作，客人点菜慢时不能流露出不耐烦的表情。

(3) 上菜时必须用双手递上，并报清楚菜品名称。

(4) 一般上菜顺序为凉菜、热菜、汤、主食。

(5) 上菜时要尽量避免油汤滴到客人衣物上。

【相关知识】

会所餐厅服务功能

高尔夫会所被称为"第19洞",餐饮服务是顾客在会所重要经历的组成部分。餐饮服务工作的好坏直接影响高尔夫爱好者对会所的整体印象和评价,也直接反映出会所的管理水平和服务质量。会所的餐饮设施主要是为会员或其他到会所消费的顾客服务的。会所餐饮的营业场所,包括餐厅、厨房、小卖部等。餐厅收入在会所营业收入中占有较大比重。随着餐厅对外经营的开展,所占比重越来越大。

1. 为会员提供日常餐饮服务

会所餐厅主要是为会员到球场打球提供日常餐饮服务的,菜品以快餐为主。顾客到餐厅消费食品、菜肴、饮料等不同种类的餐饮实物,以解决饥渴、补充营养等生理需要。为适应打球客人的要求和特点,球场的饮食服务必须遵循"方便客人、快速高效"的宗旨,以优质的食品、周到快捷的服务来满足顾客的要求。

2. 为场上球手提供服务

球场上设立小卖亭,根据球道走向不同,一般设在离会所最远的球道,一个18洞球场设2~4个。小卖亭是为球手提供冷饮、小吃和休息的场所,也是雷雨等恶劣天气时球手紧急庇护设施。

3. 为赛事活动提供宴会服务

会所餐厅是赛事活动举办宴会的场所,球手们可以享受和同伴在一起的快乐,宴会常与颁奖结合在一起,形成高尔夫宴会服务个性化的重要内容,满足了球手们的社交需求。

4. 向社会提供餐饮服务

会所的餐饮设施因其地理位置独特,独享高尔夫球场的景色,使其具有完整的高尔夫视觉。顾客到会所餐厅用餐,即可体验餐厅的环境、气氛,又能获得感官和心理上的满足。苏格兰的球场餐厅,已成为本地居民进场光顾的聚餐聚会的场所，满足宾客便利感、身份地位感、自我满足感等的需求。

【经典案例】

一瓶酒引起的争执

某会所餐厅，一位客人在用完餐结账时，对一瓶酒收费80元提出异议，他说有位男主管告诉他这瓶酒的价钱是60元。负责为之结账的领班第一时间寻找那位男主管，但他已下班离开了，无法与之取得联系。虽然这位领班拿出价格表让客人看，证明这瓶酒的价格确实是80元，但这位客人仍不加理会，强调是那位男主管告诉他这瓶酒的价钱是60元。由于与这位主管联系拖延了结账时间，加之与客人发生争执，使这位客人非常不满，认为餐厅在推销酒水时有欺骗行为。最后，餐厅经理出面，同意按60元收取，同时又再三向客人道歉，虽如此，客人仍是满面怒容，结完账扬长而去。

1. 案例分析

树立相信客人、尊重客人的服务理念，对服务行业来说非常重要，也是做好服务工作的关键所在。客人提出异议，在不会给企业带来较大损失的前提下，应相信客人，特别是在没有强有力的证据显示客人错的情况下，更不应该与客人发生争执。

本案例中，即使结账领班找到那位男主管，他也不外乎有三种解释，一是不记得了；二是坚决否认；三是承认是自己搞错了。前两种解释，与顾客发生争执在所难免，第三种解释虽然相对好一些，但客人也会因为结账时间长和不信任自己而产生不满。做广告可以一掷千金，但为这区区20元钱得罪客人实在不值，因为这位不满的客人，会将心中的怨气，传播给亲朋好友，对企业的声誉极为不利。

167

2. 实战演练

4名学生扮演客人，1名学生扮演服务人员，要求按照工作引入的情境，为客人提供迎接、点餐、上菜、送客等服务。

【作业与思考】

服务员不小心把汤汁洒到客人身上该如何处理。

项目二　客房服务

能力目标

1. 能够根据客房接待流程接待入住客房的客人。
2. 能够根据客房清洁等标准清扫客房。

知识目标

1. 掌握客房接待流程。
2. 了解客房清洁卫生质量标准。

素质目标

1. 品行端正，具有良好的职业道德。
2. 工作态度好，踏实认真，吃苦耐劳。
3. 具有较强的卫生意识和服务意识。

客房收入是通过客房的基础设施建设和客房部员工提供的服务来获取的，因此，客房的优质服务和完美布置是给会所带来良好经济效益的重要手段和方式。

【工作引入】

你是客房部的一名员工,接到前台的通知,一位客人即将到达会所,他定了一间单人房,请你接待这位客人。

【任务分析】

客房部接到客人住宿通知后,应先了解客人生活特点、订房情况等。根据客人要求布置房间。客人到达后,应引领客人到达客房,并将客房使用需要注意的问题向客人陈述清楚。

【操作步骤与标准】

客房部不仅要为客人提供整洁的住宿环境,还要提供尽可能贴心的服务,使客人体验到宾至如归的感觉。具体步骤如下:

1. 了解客情

(1) 根据前台的通知单,尽可能详细地了解客情。
(2) 做到"七知、三了解",即知接待单位、人数、国籍、身份、生活特点、接待标准、健康状况;了解客人到(离)场和车、船、航班时间,以及客人的宗教信仰。

2. 布置房间

根据客人的宗教信仰、生活特点、标准及规格,对客房进行布置(应检查客房布置是否合乎规范)。

3. 楼层迎宾

(1) 迎客服务:电梯口迎接客人,引领客人进房间,送迎客茶,介绍房间设施及服务项目等。

(2) 分送行李：协助行李生将客人行李（团队）分送至各房间。

4. 送客服务

(1) 掌握客人离店时间，问清客人是否需要叫醒服务、是否房间用餐。

(2) 如果客人次日离店，团队房要根据行李多少，安排行李员。

(3) 要检查客衣情况、各种账单及各项委托代办事项是否办好。

(4) 客人临行前，服务员应利用房间服务的机会，检查各种物品及设备有无损坏或欠缺。

(5) 临行前，应主动征求客人的意见。

【注意事项】

(1) 客房服务员在清理客房时，尽量避免打扰客人，最好是客人外出或有特别吩咐时再去做，但必须控制时间，不要等到客人已回来，还未整理好。

(2) 遇有应续办未成的任务时，应填入日记簿，以免脱节遗漏。

(3) 遇有顾客遗忘的贵重物品，应及时退还或报告主管处理，对于客房尤须全面彻底整洁妥善布置。

【相关知识】

客房清洁卫生质量标准

1. 十无六净

(1) 十无：四壁无灰尘、蜘蛛网；地面无杂物、纸屑、果皮；床单、被套、枕套表面无污迹和破损；卫生间清洁，无异味；金属把手无污渍；家具无污渍；灯具无灰尘、破损；茶具、冷水具无污痕；楼面整洁，无六害（无老鼠、蚊子、苍蝇、蟑螂、臭虫、蚂蚁）；房间卫生无死角。

（2）六净：四壁净、地面净、家具净、床上净、卫生洁具净、物品净。

2. 生化标准

（1）茶水具、卫生间洗涤消毒：茶水具每平方厘米的细菌总数不超过5个；脸盆、浴缸、拖鞋每平方厘米的细菌总数不超过500个。

（2）空气卫生质量：一氧化碳含量每立方米不得超过10毫克；二氧化碳含量每立方米不超过0.07%；细菌总数每立方米不超过0.15毫克；氧气含量不低于21%。

（3）微小气候质量：夏天室内适宜温度为22~24℃，相对湿度为50%，适宜风速为0.1~0.15米/秒。冬天室内适宜温度为20~22℃，相对湿度为40%，适宜风速不得大于0.25米/秒。

其他季节室内适宜温度为23~25℃，相对湿度为45%，适宜风速为0.15~0.2米/秒。

（4）采光照明质量：客房室内照明度为50~100勒克司；楼梯、楼道照明不得低于25勒克司。

（5）环境噪声允许值：客房室内噪声允许值不得超过45分贝。

【经典案例】

受辱的客人

客房部小余今天心情不是很好，早上一位客人退房，损坏了衣柜里的衣架，她没仔细查看，被主管责令赔偿。正独自郁闷，只见512房的陈先生提着旅行包匆匆走出，走到楼层中间拐弯处服务台前，将房间钥匙放到服务台上，对小余说："小姐，这把钥匙交给您，我这就下楼去总台结账。"小余不冷不热地告诉他："先生，请您稍等，等查完您的房后再走。"一面即拨电话召唤同伴。陈先生顿时很尴尬，心里很不高兴，只得无可奈何地说:"那就请便吧。"这时,另一位服务员小赵从工作间出来,走到陈先生跟前,将他上下打量一番,又扫视一下那只旅行包,陈先生觉得受到了侮辱,气得脸色都变了,大声嚷道:"你们太不尊重人了!"

小赵也不搭理,拿了钥匙,径直往512号房间走去。她打开房间,走进去不紧不慢地清点:从床上用品到立柜内的衣架;从桌台上的食品到盥洗室的毛巾,一一清查,还打开电控柜的电视机开关看看屏幕。然后,他离房回到服务台前,对陈先生说:"先生,您现在可以走了。"陈先生早就等得不耐烦了,听到了她放行的"关照",更觉恼火,待要发作或投诉,又想到要去赶飞机,只得作罢,带着一肚子怨气离开。

1. 案例分析

服务员在客人离店前检查客房的设备、用品是否受损或丢失,以保护客房的财产安全,这本来是无可非议的,也是服务员应尽的责职。然而,本例中服务员小余、小赵的处理方法是错误的。在任何情况下都不能对客人说"不",这是酒店服务员对待客人的一项基本准则。客人要离房去总台结账,这完全是正常的行为,服务员无权也没有理由限制客人算账,阻拦客人离去。随便阻拦客人,对客人投以不信任的目光,这是对客人的不礼貌,甚至是一种侮辱。

2. 实战演练

一名学生扮演客人,一名学生扮演客房服务人员,模拟客人退房情境,要求服务人员按照服务流程及礼仪要求检查房间物品是否有损坏。

【作业与思考】

1. 客人有物品遗留在客房如何处理?
2. 客人退房前发现房内物品有损坏该如何处理?

项目三 康体中心服务

能力目标

能够根据康体中心接待流程接待客人。

知识目标

1. 掌握康体中心接待流程。
2. 了解一般会所康体中心项目。
3. 了解健身房设施使用方法。

素质目标

1. 具有较强的人际关系处理能力。
2. 工作态度好，踏实认真，吃苦耐劳。
3. 需有强健的体格，能较长时间站立为客人服务。

有些大型会所设有康体中心，为客人提供洗浴、健身、游泳等设备设施，供客人娱乐休闲。本项目中重点介绍健身房的服务流程。

【工作引入】

一位客人来到健身房，你接待他后为其介绍各种设施。经过了解，他从未使用过任何健身器材，今天是第一次来到健身房。这位客人走到举重器旁，直接要举起最重的杠铃。

如果你是健身房的服务人员，你该怎么做。

【任务分析】

在客人未经过热身或使用超出自己能力范围内的器材时，工作人员要及时阻止，避免意外发生。

【操作步骤与标准】

健身房工作人员的工作职责除了接待客人、为客人安排并调试健身器材、巡视、提供酒水饮料服务外，还要保证客人在健身房内的人身安全。具体步骤如下：

1. 迎接客人

（1）营业前10分钟在健身房门口站位，迎接客人。
（2）客到时礼貌鞠躬问候，引领客人。

2. 安排健身

（1）介绍设备设施种类、使用方法和锻炼效果。
（2）在客人要求示范时，征得客人同意后，为其做示范动作。
（3）询问客人的健身要求，将所需健身器材调整好。
（4）询问客人所需健身时间，并记下客人开始健身的时间。
（5）为客人提供免费茶水、香巾。

3. 巡视服务

（1）巡视消费场所，若发现宾客使用方法不正确或超体力使用时，应及时、礼貌地向其及时指正。
（2）及时为客人更换香巾，添加茶水饮料。
（3）客人健身期间，及时清理收撤毛巾和废弃物。
（4）留心观察客人情况，保障客人安全，满足客人需求。

4. 酒水服务

（1）客人休息时，询问客人是否需要酒水服务。
（2）客人点酒水时，做好详细记录，并在客人点完后向客人复述确认。
（3）提供酒水服务。

【注意事项】

（1）在客人进行健身之前，需要请客人进行热身活动，时间 5~10 分钟为宜。

（2）客人使用完器械后，要帮助他放回原位。

（3）尽量不要打扰其他客人的训练次序，如果要轮流使用同一器械，最好在组间休息时提出请求。

（4）在客人较少时，要关闭某些电器，节约电能。

【相关知识】

完整的健身房的设施配备

（1）有氧健身器材：跑步、椭圆机、全功能运转机、立式健身车、卧式健身车、水阻划船器、水阻手脚复合健身车、台阶器。

（2）力量健身器材：高拉力练习器、肩膊推举练习器、推胸练习器、蝴蝶/划船练习器、二头肌练习器、三头肌伸展练习器、腹部练习器、背肌练习器、三头肌下压练习器、腰部练习器、大腿伸展练习器、大腿曲接练习器、蹬腿器、大腿外侧练习器、大腿内侧练习器、髋部练习器、立式小腿伸展练习器、多功能自由飞鸟、划船器、卧式大腿曲接练习器、引体向上提举训练器、综合训练器。

（3）自由力量设备：奥林匹克卧推平椅、奥林匹克下斜卧推椅、奥林匹克上斜卧推平椅、二头肌练习器、背肌练习器、-10°~80°可调节哑铃练习椅、平卧椅、哑铃练习椅、杠铃片存放架、双层哑铃架（10 对容量）、可调节式收腹练习器、史密斯机、可调节式下斜腹肌练习椅、多功能推举练习、铃片及杠铃杆架、蹬腿训练器、短杠铃架、蹲架、哑铃、杠铃片。

（4）动感单车区（一般 30~50 台）。

（5）跳操区（健美操、瑜伽、舞蹈）。

比较大型的健身俱乐部还可以增加体测区，用来测量锻炼者的身体指数，帮助教练员量身制定个人有效锻炼计划。

【经典案例】

自动停止的跑步机

康体中心健身房的小刘在巡视时，发现一位客人正在使用的跑步机有轻微的杂音，他观察了一会儿，走到那位客人身边轻声说："打扰了先生。"

客人看了他一眼，没有说话，继续跑步。

小刘等了一会儿，见那位客人没有停止的意思，提高了点音量："打扰了先生，我听到您使用的跑步机有些杂音，为了您的安全想检查一下，麻烦您停一下好吗？"

客人仍然没有理他。小刘就一直在旁边站着。

突然，一声惊呼，小刘眼疾手快地扶住了即将摔倒的客人。小刘将客人扶到一旁的椅子上坐下，询问道："先生，您没事吧？需要送您去医院吗？"

客人还在喘着气说："不，不用了，怎么回事儿啊？……"

小刘关闭了跑步机，找来维修人员检查。原来是驱动板出现问题导致跑步机自动停止。幸亏小刘一直在旁边看着，否则那位客人可能就会受伤了。

小刘还对客人表示了歉意："抱歉，先生，由于我们机器的故障影响了您的锻炼，我给您找另外一台吧。"他来到另外一台跑步机前，打开机器，检查了一下，对客人说："先生，这台机器没有问题，请您放心使用。"

这位客人对小刘的服务非常满意，还一再向他表示感谢，由于他对工作的尽职尽责才避免了自己受伤。

1. 案例分析

发现机器有杂声和运转不良现象，要迅速关机检查，请专业维修人员来处理。

2. 实战演练

分组设计健身房，制作PPT，并由组长讲解健身房设备及使用方法。

【作业与思考】

通过资料查询，了解一般健身设施的使用方法及简单维修方法。

第三单元
高尔夫会所岗位提升

会所管理是继会所服务岗位实践之后的重要工作环节。会所管理人员除了要会服务，还得会管理。会所岗位提升主要有前台管理、会员管理、会所特殊事件处理三个项目。

模块一　前台管理

前台作为会所的枢纽中心，有着极其重要的作用。前台人员的服务素质直接体现了会所的管理水准及所有人员的服务水准。前台主管作为前台人员的直接管理者，需要具备较强的专业能力、管理能力、沟通能力等，以胜任对员工的管理以及突发事件的处理。

前台管理包括新员工培训、员工日常管理和赛事团体接待三个方面。

项目一　新员工培训

能力目标

1. 能够制定新员工的培训计划。
2. 能够为新员工进行岗前培训。
3. 能够通过谈话掌握新员工的心理动态及工作情况。

知识目标

1. 掌握新员工培训的定义。
2. 了解企业对新员工的培训内容。
3. 了解对新员工培训的意义。

素质目标

1. 掌握制定工作计划、独立决策和实施的能力。
2. 组织能力得到提升。

3. 学会换位思考，帮助新员工减轻思想负担。

新员工培训是指为新雇员提供有关企业的基本背景情况，使员工了解所从事工作的基本内容与方法，使他们明确自己工作的职责、程序、标准，并向他们初步灌输企业及其部门所期望的态度、规范、价值观和行为模式等，从而帮助他们顺利地适应企业环境和新的工作岗位，尽快进入角色。

【工作引入】

今天是前台新进的两名员工第一天上班，作为前台主管，请你带领她们熟悉工作环境并介绍工作内容。

【任务分析】

带领新员工熟悉工作环境是员工入职第一步，作为主管，要让员工熟悉并喜欢自己的工作岗位，减轻入职恐惧，以最佳的状态进入工作岗位。

【操作步骤与标准】

对企业来讲，新员工未来选择如何在会所中表现，决定自己是否在企业长期发展，很大程度上取决于在最初进入企业的一段时间内的经历和感受，在此期间新员工感受到企业价值理念、管理方式将会直接影响新员工在工作中的态度、绩效和行为，而这些因素和新员工入职培训的效果关系密切。具体步骤如下：

1. **职前培训**

（1）致新员工欢迎信。
（2）让本部门其他员工知道新员工的到来（每天早会时）。
（3）准备好新员工办公场所及用品。
（4）准备好给新员工培训的部门内训资料。
（5）为新员工指定一位资深员工作为新员工的导师。

(6) 准备好布置给新员工的第一项工作任务。

2. 部门岗位培训

到职后第 1 天

(1) 到人事部报到，进行新员工入职须知培训（人力资源部负责）。

(2) 到前台报到，主管代表全体员工欢迎新员工到来。

(3) 介绍新员工认识本部门员工，参观工作场所。

(4) 部门结构与功能介绍、部门内的特殊规定。

(5) 新员工工作描述、职责要求。

(6) 讨论新员工的第一项工作任务。

(7) 派老员工陪新员工到公司餐厅吃第一顿午餐。

到职后第 5 天

(1) 一周内，前台主管与新员工进行非正式谈话，重申工作职责，谈论工作中出现的问题，回答新员工的提问。

(2) 对新员工一周的表现作出评估，并确定一些短期的绩效目标。

(3) 设定下次绩效考核的时间。

到职后第 30 天

前台主管与新员工面谈，讨论试用期一个月来的表现，填写评价表。

到职后第 90 天

人力资源部经理与前台主管一起讨论新员工表现，是否合适现在岗位，填写试用期考核表，并与新员工就试用期考核表现谈话，告之新员工公司绩效考核要求与体系。

【注意事项】

(1) 当新进员工开始工作时，成功与失败往往决定其最初数小时或数天中。要使新进员工有宾至如归的感受。

(2) 主管人员接待新进员工时，要有诚挚友善的态度，使他感到你很高兴他加入你的团队工作。

(3) 最好能在刚开始时就使新进员工对工作表示称心，在新进员工参加工作时鼓励和帮助他们，使他们对工作满意。

【相关知识】

会所对新进员工培训的内容

（1）介绍企业的经营历史、宗旨、规模和发展前景，激励员工积极工作，为企业的繁荣做贡献。

（2）介绍公司的规章制度和岗位职责，使员工在工作中自觉地遵守会所的规章，一切工作按会所制定的规则、标准、程序、制度办理，包括工资、奖金、津贴、保险、休假、医疗、晋升与调动、交通、事故、申诉等人事规定；福利方案、工作描述、职务说明、劳动条件、作业规范、绩效标准、工作考评机制、劳动秩序等工作要求。

（3）介绍会所内部的组织结构、权力系统、各部门之间的服务协调网络及流程、有关部门的处理反馈机制。使新员工明确在会所中进行信息沟通、提交建议的渠道，使新员工了解和熟悉各个部门的职能，以便在今后工作中能准确地与各个有关部门进行联系，并随时能够就工作中的问题提出建议或申诉。

（4）业务培训，使新员工熟悉并掌握完成各自本职工作所需的主要技能和相关信息，从而迅速胜任工作。

（5）介绍会所的经营范围、主要产品、市场定位、目标顾客、竞争环境等，增强新员工的市场意识。

（6）介绍企业的安全措施，让员工了解安全工作包括哪些内容，如何做好安全工作，如何发现和处理安全工作中发生的一般问题，提高他们的安全意识。

（7）会所的文化、价值观和目标的传达。让新员工知道会所反对什么、鼓励什么、追求什么。

（8）介绍会所员工行为和举止规范，如关于职业道德、环境秩序、作息制度、开支规定、接洽和服务用语、仪表仪容、精神面貌、谈吐、着装等的要求。

【经典案例】

IBM 的新员工培训

蓝色巨人 IBM 公司多年位居全球企业 500 强前列，有业内人士戏称，IBM 是中国 IT 业的"黄埔军校"。那么，IBM 是如何进行新员工培训的呢？有人称 IBM 的新员工培训是"魔鬼训练营"，因为培训过程非常艰辛。除行政管理类人员只有为期两周的培训外，IBM 所有销售、市场和服务部门的员工全部要经过 3 个月的"魔鬼"训练，内容包括了解 IBM 内部工作方式，了解自己的部门职能；了解 IBM 的产品和服务；专注于销售和市场，以模拟实战的形式学习 IBM 怎样做生意；素质培训，包括团队工作和沟通技能、表达技巧等。

经培训考核合格后，学员获得正式职称，成为 IBM 的一名新员工，有了自己的正式职务和责任。之后，负责市场和服务部门的人员还要接受 6~9 个月的业务学习。

从员工进入 IBM 那一天起，IBM 就给每个员工勾画了学习的蓝图。课堂上、工作中，经理和师傅的言传身教，自己通过公司内部的局域网络自学，总部的培训以及到别的国家工作学习等，庞大的全面积培训系统一直是 IBM 的骄傲。

1. 案例分析

"好的开始等于成功的一半！"新员工进入会所最初阶段的成长对于员工个人和企业都非常重要。Intel 和 IBM 在这方面都给了我们很多成功的经验：从蓝图的勾画、内容的设计、形式的选择、人员的保障，到费用预算的支持和考评指标的设立，新员工培训的成功离不开每一个细节的精心筹划。成功的新员工培训是人力资源管理的重要一环，为员工顺利融入企业，进而选择长期发展迈出了坚实的一步！

2. 实战演练

分组制作新员工培训 PPT，要求包括规章制度、薪酬制度等。

【作业与思考】

1. 制定一个前台新员工培训计划。
2. 新员工刚进入工作岗位时面临的问题有哪些。

项目二　员工日常管理

能力目标

1. 能够按会所前台管理制度严格要求员工。
2. 能够组织例会，总结工作。
3. 能够处理前台突发事件。

知识目标

1. 了解俱乐部管理制度的重要性。
2. 了解俱乐部前台管理制度。
3. 掌握前台主管日常工作内容。

素质目标

1. 爱岗敬业、责任心强。
2. 组织能力得到提升。
3. 公平、公正地对待每位员工。

员工日常管理包括仪容仪表、出勤、工作能力、工作态度、工作业绩等。作为主管要贯彻落实会所的管理制度，坚持公平、公正、公开的原则，调动员工工作积极性。

【工作引入】

作为前台主管的你，最近一段时间发现一名员工经常迟到，她每次迟到总是一脸歉疚的表情，可是第二天仍旧迟到，你该如何处理。

【任务分析】

前台主管需要按照会所制定的管理制度对员工进行管理。但管理不仅仅是管，如果一味地用责骂、惩罚的办法是不能使员工信服的，还要了解员工犯错的原因，从根源上帮助员工避免再次犯错。

【操作步骤与标准】

前台主管工作内容繁杂，每天除了日常管理外还要处理突发事件。本项目只列举了前台主管工作内容的一部分。具体内容如下：

1. 交接班管理

（1）前台每日必须保证有2名员工上岗，遇节假日或大型活动如需加班必须听从会所安排。

（2）督促员工交接班时交代清前一天未完成的工作，例如已经开好的消费卡、客人预留的客房押金等。

（3）清点备用金。

（4）账目核对无误后签字并上交财务部。

2. 考勤管理

（1）每天7:30~8:00考勤，检查员工穿着及妆容是否合格。

（2）月末将考勤表上报人事部门。

3. 其他日常管理

(1) 每周一组织员工例会，总结一周工作。
(2) 全面负责前台员工的管理工作并监督各项账单的准确性及打折权限的范围有无错误，发现问题及时向有关部门领导反映。
(3) 月末填写每月营业统计表上交财务部。
(4) 客人提出折扣要求时由主管向有权限范围的经理申请。

【注意事项】

(1) 注意观察员工工作状态，发现问题及时处理。
(2) 为员工排班时可在一定程度上尊重员工意见。
(3) 处理突发事件时，既安抚客人情绪也要维护员工的尊严。

【相关知识】

企业管理制度的重要性

现代企业管理制度是对企业管理活动的制度安排，包括公司经营目的和观念、公司目标与战略、公司的管理组织，以及各业务职能领域活动的规定。企业管理制度是企业员工在企业生产经营活动中须共同遵守的规定和准则的总称，企业管理制度的表现形式或组成，包括企业组织机构设计、职能部门划分及职能分工、岗位工作说明，以及专业管理制度、工作或流程、管理表单等管理制度类文件。

企业依法制订规章制度是企业内部"立法"，是企业规范运作和行使用人权的重要方式之一。企业应当最大限度地利用和行使好法律赋予的这一权利，聪明的企业都看到了这一点。

【经典案例】

我是教练

张瑶经过一段时间的熟悉，已经对工作得心应手了。一天，一位客人打球回场结账时，声称自己是教练，有教练证，要申请折扣。会所的规定是有教练证的客人打球可以享受优惠价格。于是张瑶请这位客人出示教练证，可客人说教练证忘带了。

张瑶只好找来前台主管吴兰，吴兰得知事情的经过后，询问客人是否有其他可以证明自己身份的资料。这位客人拿出手机，给吴兰看了自己前几天拍的为学员指导球技的照片。吴兰复印了这位客人的身份证后，拿着申请单找到经理汇报了这件事。经理同意并在申请单上签了字，吴兰回到前台对客人的耐心等待表示感谢后，按优惠价为客人办理了结账手续。

1. 案例分析

如果严格按照会所规定是不允许给这位客人优惠价格的，但吴兰通过其他的方式验证个人身份并向上级申请为其争取优惠价格，不仅不会为会所造成损失，而且也会让这位客人由于吴兰的热心对俱乐部留下好印象，将来还有可能购买会所的会籍。

2. 实战演练

要求学生以前台主管的身份召开会议，解决近期有些员工经常迟到的问题。

【作业与思考】

1. 如何调动员工工作的积极性。
2. 如何督促员工遵守企业管理制度。

项目三　赛事团体接待

能力目标

1. 能够按赛事接待流程组织员工做好接待工作。
2. 能够处理比赛过程中前台突发事件。

知识目标

1. 了解会所赛事种类。
2. 掌握会所赛事接待流程。

素质目标

1. 爱岗敬业、责任心强。
2. 组织能力得到提升。
3. 遇事冷静、临危不乱。

赛事团体的接待需要前台主管提前安排接待人员，将工作落实给相关人员，并在旁监督，遇到问题第一时间协助解决，确保赛事接待工作顺利有序地进行。

【工作引入】

比赛结束时，所有参赛选手都来到前台结账，由于人数多，有几位先生把消费卡放在前台就离开了，结果其中一位先生的账单中除了比赛主办方需要承担的费用外还有额外的小卖亭的餐费，该如何处理？

【任务分析】

前台在为团体或赛事球员接待时，由于登记或结账人数多，容易出现工作疏漏。作为前台管理人员，要提前做好安排，尽量避免出现问题，如果出现问题，要及时与球员本人及赛事主办方沟通，为会所减少损失。

【操作步骤与标准】

根据比赛性质不同，赛事接待工作内容也会有所区别，本项目以普通赛事为例，讲解前台主管赛事接待工作的内容及标准。具体步骤如下：

1. 接待前准备

（1）销售部通知比赛时间后，根据比赛人数确定前台上岗人数。
（2）督促员工根据名单提前核对参赛人员是否是会员，无法核实的需提前标注。
（3）与赛方确认是团体结账还是个人结账。
（4）比赛前一天夜审后按名单提前开卡登记，比赛当天参赛选手到场后直接拿卡下场，确保赛事顺利进行。

2. 赛事当日接待

（1）开赛前一个小时到达工作岗位，督促前台员工根据名单再次核对消费卡。
（2）与前台员工一起参与接待工作。
（3）客人回场结账，核对身份后按标准结账。

3. 赛后统计

（1）根据结账情况统计准确参赛名单。
（2）核对账目。

(3) 总结本次赛事接待出现的问题。

【注意事项】

(1) 提前为客人开好消费卡，有未参加比赛的客人在比赛开始后可将消费卡取消。
(2) 比赛前与主办方确认消费项目。

【相关知识】

高尔夫会所比赛种类

现代高尔夫运动一直在市场化程度高、竞技欣赏水平高、赞助厂商地位高的层面进行着。高尔夫球运动追求"高远、精准"的本质使竞技场上瞬息万变、精彩纷呈，而运动员在球场上表现出来的绅士风度、永不放弃的职业风范，又大大增加了赛事的吸引力。高尔夫会所常举办的比赛有以下几种。

1. 月例杯赛事

一般而言，月赛赛事时间规定为每月的第一个星期天某一确切的时间点开球。比赛将提前7天确认预订时间。月例杯的参赛人数不多于60人，不少于8人，在比赛的前一天与会员服务部确认参赛名单，如果报名参赛人数少于8人，则通知报名参赛者取消比赛，但可以正常下场打球。另外，每个会所会根据自身的情况命名各自的月例杯赛事。例如，沙河高尔夫会所×月会员月赛（没有赞助时）。沙河高尔夫会所×月（赞助商名称）会员月赛（有赞助时）等。

2. 特殊节庆活动赛事

这大多是会所在特定的节庆日邀请会员及相关嘉宾参与的比赛，如会所的周年庆、圣诞节等。这些特殊节庆的赛事主要由会所主办。会所将根据特定的节庆及赞助情况给赛事命名。

3. 企业组织赛事活动

企业组织赛事活动的关键是要有一个通力合作的团队，专门做赛事方面的筹备工作。赛事组织委员会一般包括批准单位、赛事赞助商、专门承办赛事的机构、球场方等。

4. 承办大型赛事

一些场地条件符合要求的球场，也承办专业赛事公司举办的各类赛事，如业余巡回赛、中巡赛、青少年赛、亚巡赛和欧巡赛。会所各部门要配合专业赛事公司做好相应的服务工作。

【经典案例】

王阳还是汪洋？

"奔驰杯"比赛已经进入尾声，参赛选手陆续回到前台结账。吴兰身为前台主管已经在比赛开始前督促前台员工核对客人的身份，可在张瑶为一位名叫王阳的选手结账时出现了问题。王先生说他是会员，可是张瑶在查找会员资料的时候并没有查到王阳的名字。王先生很生气，怎么自己交纳了会费会所却不承认自己的会员身份？于是跟张瑶争执了起来。

主管吴兰得知此事赶来，先安抚王先生的情绪："抱歉先生，这里面一定是有误会，我这就去调查，您别生气。"

吴兰到会员部查找会员名单，的确没有找到王阳的名字，却在名单里发现了另一个名字——汪洋。吴兰想，会不会是名字写错了？于是让会员部查询会员汪洋是否参加了本次比赛，结果汪洋确实在本次名单中。

吴兰返回前台，礼貌地询问："先生，可能是我们在核实身份的时候出了点问题，请问您的名字如何书写？"

客人："汪洋！三点水的汪，海洋的洋！"

吴兰："抱歉汪先生，由于参赛选手太多，可能会员部给我们的名单存在核对上的疏漏，刚才前台也忘了让您出示身份证件。我这就给您重新打印账单。"

吴兰在系统中为汪先生纠正了身份后重新打印账单让汪先生签字。

1. 案例分析

比赛时由于参赛人员较多，会员部也无法保证名单准确无误，前台在为客人进行结账时一定要核对客人身份，无法确定的可以礼貌地请客人出示会员卡或身份证件，避免出现案例中的问题。

2. 实战演练

根据工作引入的情境，让一名同学扮演客人，一名同学扮演前台服务人员，另外一名同学扮演前台主管，请前台主管在服务人员无法处理这件事情的时候想出解决办法。

【作业与思考】

查阅资料了解高尔夫赛事流程。

模块二　会员管理

项目一　投诉处理

能力目标

1. 会分析客户投诉原因。
2. 能处理简单客户投诉。
3. 能设计一些会员增值服务。

知识目标

1. 掌握投诉处理程序、处理方法和操作标准。
2. 掌握客户投诉处理技巧。

素质目标

1. 培养高尔夫礼仪。
2. 培养服务意识。
3. 培养分析问题能力。
4. 培养客户至上理念。
5. 培养创新意识。
6. 培养沟通协调能力。

许多高尔夫会所都会设置会员经理的岗位。会员经理的职责主要是督导会员部的各项工作，使其能高效、优质、规范地展开对客服务；处理宾客投诉和异常事件，接受客人对会所提出的建议和意见，并及时解决改进；组织会员活动，为会员提供更多丰富的活动。

【工作引入】

客人将会员卡误认为所有人通用，之后发现是只限会员本人使用，很恼火，要求给个说法。如何处理此类问题。

【任务分析】

当会员和其他顾客到球场消费时，对球场本身和会所的服务都抱有良好的愿望和期盼，这些愿望和要求得不到满足就会心理失衡，由此产生抱怨和不满。处理顾客投诉是会员服务的内容之一。顾客投诉处理的目的是改善会所与会员之间的关系，便于会所有效实施市场营销、接待服务与经营管理等。要明白会员投诉是提供了有价值的反馈信息，将为改进产品和完善服务提供机会、基准，令人满意的会员投诉处理，意味着顾客变得更加忠诚。处理投诉要从客户角度出发，要从了解、分析、处理、改进几个方面着手。

【操作步骤与标准】

处理客户投诉主要包括收到投诉、了解情况、表达歉意、做出处理、审核上报、回复跟进、建档总结几个步骤。具体步骤如下：

1. 收到投诉

（1）当事人上报部门负责人。
（2）部门负责人接到投诉事件。

2. 了解情况

（1）认真听取顾客陈述，立即登记顾客资料及相关内容。
（2）与顾客确认记录信息是否正确，并尽可能了解事件详细经过。

3. 表达歉意

（1）理解顾客感受：立即向顾客表达歉意，并表示对顾客的完全理解，引领客人到安静地方洽谈。
（2）表明立场：表明自己是站在顾客立场讲话，是代表会所勇敢承认过失，并决心帮助顾客解决问题。

4. 做出处理

（1）明确顾客意图：要帮助顾客明确意图，并理顺顾客要求和建议。
（2）根据实际情况，做出合理处理，必要时请示上级管理层并获得批示后承诺顾客。

5. 审核上报

（1）《会员投诉受理表》上交市场营销部及行政人事部存底。
（2）相关部门做出分析报告上报营销部总监。

(3) 营销总监审核后书面呈报总经理。

6. 回复跟进

(1) 将处理结果第一时间回复客人。
(2) 跟进客户反馈意见，以最短时间改变策略，完善各项服务。

7. 建档总结

(1) 建立顾客投诉档案，定期汇报。
(2) 掌握顾客需求，协助管理层制订服务措施及方案。
(3) 各部门根据事件做出相应的培训，以免下次类似事件再次发生。

【注意事项】

(1) 倾听时切忌打断客人讲话。
(2) 请客人到安静处，个别交流。
(3) 不陈述尚未理解的细节，或对无法做到之前进行承诺。
(4) 不转移目标，不找借口责备他人。

【相关知识】

客户投诉原因分析及处理方法

1. 客户投诉产生的原因

(1) 球场和会所产品质量问题。产品质量达不到客人的要求，会所设施、餐饮质量，特别是球场质量，如果岭的状态、草过高、打球速度较慢，容易使顾客产生不满情绪。

(2) 球童及其他员工的服务态度与服务水平问题。球童和员工的经验不足，服务态度不佳，会严重影响球员技术水平发挥和打球的心情。

(3) 会员对会所的经营方式及策略不认同。对会所无限制发行平日会籍，造成球场订场难，或因销售会籍，而忽视后期会员服务。

（4）会员对会所服务的期望超过会所的预期。

（5）顾客在球场打球期间遇到安全事故或财物损失等问题。

（6）顾客由于自身个性原因提出要求得不到满足，有些问题是会所未向会员解释清楚享受该项利益的适用条件等原因造成。

2. 处理投诉的技巧

（1）先处理情感，后处理事件。

（2）耐心倾听顾客的抱怨。

（3）使用恰当的身体语言表达对客户的同情。

（4）对存在的问题表达歉意，及时明确客户遭遇问题的严重程度。

（5）不要打断客户。

（6）采用积极的姿态，诚实地向客户承诺。

（7）迅速采取行动。

3. 客户投诉管理

（1）查明原因、追究责任：为了改善服务，避免日后发生类似问题，会所不能仅根据表面上的现象来解决问题，必须调查问题发生的原因并全面了解和认定当事人、主管人员的责任，从责任归属角度并根据会所有关规定给予处理，追究责任。客户投诉的管理要建立监视、奖罚机制，避免在服务过程中重复犯同样的差错。

（2）投诉的归档：建立处理会员投诉档案，应分门别类、科学管理、方便查阅并尽量建立电脑查询。档案内容要完整，包括投诉问题、接待人员、处理方法、处理结果等。对典型案例要定期或不定期汇报给总经理，对于有教育意义的应通报全体员工。

【经典案例】

被投诉"诈骗"

2010年3月，在客户服务中心收到这样一个投诉，即会员杨某的朋友

（嘉宾）在结账时发现，他的账单上重复录入了两项费用，与此同时，刚刚结完账的另一位客人也发现账单不对。杨某当时非常气愤地跑到客户服务中心，大喊："你们简直是诈骗犯！""如果不对这件事做出合理解释，我就投诉到消协"，还说"要炒掉这样的员工，要狠狠地处罚她"。

闻讯而来的会员经理马上拿过电脑小票进行核实，发现情况确实如此，而且错误出自同一个收银员。会员经理立即向顾客道歉，并将他们引至自己的办公室内进行安抚。待他们冷静后，会员经理再次对收银员工作的失误进行诚恳的道歉和检讨，并答应就此事对该收银员进行严肃的处理和教育。当时会员经理正好有几张果岭券，就送给了杨某和另外一位顾客，并说"这次差错是我们工作中的一次失误，我们一定会引以为戒，提高我们员工的工作质量，希望您能继续支持和相信我们"。在会员经理的耐心解释下，杨某他们才慢慢消了气，并主动说："算了，也不要炒掉她了，现在找一份工作也不容易，但要好好教育她，不能再出现这样的失误，否则对你们会所的声誉影响太大了。"

1. 案例分析

（1）收银员先后发生同样的错误，说明收银员不是基本功不扎实就是责任心不强。作为管理人员应针对员工不同情况加以处理，如果责任心不强应加强态度培训，如果是基本功不扎实则应加速专业技能培训，尽量减少收银员的差错。

（2）这位会员经理投诉处理经验比较丰富，她首先核对账单，确认事实，然后引导顾客离开现场，以免造成围观引发更坏的影响。她先让顾客冷静下来，然后就工作人员的失误对顾客做出道歉并答应做出处理，有效地维护了会所形象，并巧妙地送给顾客优惠券，给顾客心理上的平衡，取得了顾客的谅解，用自己的聪明和真诚留住了顾客。

2. 实战演练

学生先讲述自己遇到的不满意服务被处理过程，然后分析投诉原因，模拟一些处理过程等，同学互相检查指导。

【作业与思考】

继续编写上述案例中会员经理送走两位客人之后的处理过程。

项目二　组织会员活动

能力目标

1. 能策划一些会员增值活动。
2. 能制定一些会员活动计划。
3. 能按操作程序和标准组织会员活动。

知识目标

1. 了解会员有哪些权益。
2. 掌握组织会员活动的程序、操作标准。

素质目标

1. 培养随机应变、灵活处理事件的能力。
2. 注重管理技巧。

丰富的会员活动可加强会员间的交流，提高会员对活动的参与性以及忠诚度，促进会员间交流，增进感情和共享资源。组织会员活动需进行周密细致的部署和安排，并根据反馈及时更进。

【工作引入】

铁岭龙山会员部小李，接到市场营销总监关于高尔夫会员赛筹备计划，拟于 2014 年 10 月 12 日举办铁岭龙山会员比赛。

【任务分析】

组织会员比赛是丰富会员活动的一项重要内容，可以增进会员之间的交流，需进行周密细致的部署和安排，如联络与公布、组织与安排、拟定赛事邀请函、报名表等。在策划好活动后，会员经理要安排会员部工作人员及时将活动信息传达给会员，适时跟进。

【操作步骤与标准】

组织会员活动主要有联络与公布、组织与安排两个方面的内容。具体步骤如下：

1. 联络与公布

（1）与会所各部门保持沟通和业务交流，及时公布会所的每月各项比赛计划和活动安排。

（2）协助会员参加比赛或活动办理报名手续，填好申请表并交到会员部。

2. 组织与安排

（1）收到报名表后及时送至相关部门做出安排。

（2）按照会所规定的会员待遇办理会员参加赛事及活动时，需要通过会籍销售管理部门对申请人的资格审核，如果参加高尔夫球赛事，还需要通过高球运作管理部门对申请人的高球竞技记录的认可。

（3）提示会员参加活动的时间和付费标准。

【注意事项】

（1）会员部工作人员要及时掌握每月各项活动、比赛计划，及时传达给会员。

（2）工作人员在接到会员报名参加活动的报名表时，要及时送至相关部门，便于其他部门安排相应工作。

【相关知识】

会员增值服务活动

1. 组织联谊活动

不定期举办各类旨在促进沟通的联谊活动，如高尔夫旅游、品酒会、专题投资讲座等，还可以根据会员特点，帮助会员通过各种社会资源的重新组合，搭建信息共享、平等沟通的交流平台。纯粹的娱乐活动与商业活动的结合，既满足会员休闲的需要，又加强会员间的交流，提高会员对活动的参与性以及忠诚度，促进会员间交流，增进感情和共享资源。

2. 提供便利服务

为会员制定个性化的服务计划，如高尔夫旅行方案（如拉斯维加斯8天6场高尔夫会员之旅）、家庭亲子活动、朋友聚会安排等。

3. 高尔夫知识培训

培训内容包括挥杆技巧，以及高尔夫历史、规则、礼节和其他高尔夫的知识，丰富会员对高尔夫的理解，在高尔夫的传统与价值之间提供一种强有力的联系纽带，提高会员的忠诚度。

【经典案例】

"会员大使"

小云是××高尔夫会所会员部非常细心的一名工作人员，她总是会有一些别出心裁的想法。她专属服务的会员有一百多位，但她却能记住每一位会员的电话、喜好。她非常注重为会员提供一些个性化服务，她整理了每

201

一位会员的详细档案资料，里面有每一位会员的详细资料，具体到他喜欢哪个牌子的球具、对哪种食物过敏、是不是左撇子、喜欢坐在什么位置就餐等。有一位会员王总，他是一位左撇子，在其第一次去练习场练球前，小云就提前电话告知练习场服务员将球盒放到打垫的左侧，将 Tee 插在打垫的左侧孔内。王总一到练习场就非常满意，对小李及练习场服务员大加赞扬。这种贴心周到的服务，让王总记忆犹新，经常讲给他的朋友听。

每次俱乐部要举办活动或赛事，她都电话或短信一一通知到每一位会员，每一位会员生日时都能收到小云贴心的祝福短信。只要会员一个电话，她都会全力以赴。2013年度，小云被会所评为"会员大使"。

1. 案例分析

（1）高尔夫会所对会员的个性化服务，提供适合会员的服务项目。

（2）了解会员需求，提供量身定制服务，解决会员在高尔夫会所的一切问题。

（3）让会员在会所感受到贴心服务，体验家一样的感觉。小云细心了解会员需求，提供量身定制服务，解决会员在高尔夫会所的一切问题。

2. 实战演练

全班学生分组，每组策划两项新颖、值得会所应用的会员活动方案，并将活动方案展示给大家。

【作业与思考】

选择一家会所，为其策划一项高尔夫会员之旅方案。

模块三　会所特殊事件处理

高尔夫会所作为对外开放的公共娱乐场所，每天接待大量的客人，而面对这些人和事难免会发生一些意外，所以各高尔夫会所员工要有强烈的安全防范意识，以及处理常见安全问题的技能。会所常见需处理的特殊事件有跑单、顾客物品丢失、餐厅或客房突发情况等事件，本节中将从这几个角度进行分析。

项目一　跑单事件处理

能力目标

1. 能够发现跑单现象的苗头。
2. 能够巧妙地避免跑单事件。
3. 能够很好地处理跑单事件。

知识目标

1. 了解跑单的含义。
2. 掌握跑单的处理原则。

素质目标

1. 在处理跑单事件中，培养积极主动的工作态度。
2. 提高防范意识，充分调动忠诚度与责任感。

跑单就是逃避责任的意思，多发生于客人在店里消费完后因无能力结账或其他原因而未结账就走了。高尔夫会所员工需要注意跑单事件的处理方式，处理得好将为会所留下一位忠诚顾客，处理不好将直接影响会所的声誉。

【工作引入】

王杰是××高尔夫会所客房部经理。一天在王杰快下班时，来了两位客人一起入住，其中一位住客声称账单由他来付，并按规定交足了两个人的押金。另外一位客人在入住后的第二天先走了，而声称付账的人却又反悔了。

如果你是王杰，你该怎么办呢？

【任务分析】

客房部作为顾客休息的地方，其地位是不容小觑的。顾客入住时客房部前台应注意保证公司的利益，并给顾客留有自尊，避免影响顾客对会所的印象而造成客户流失。

【操作步骤与标准】

日常工作中，工作人员要注意避免出现跑单事件。当出现跑单事件时，首先要分析跑单的原因，尽快处理，将事件对会所的伤害降到最低。具体处理步骤如下：

1. 分析跑单原因

（1）客人忘记结账，而工作人员也忙得没注意，此种情况在餐厅用餐高峰期可能出现。

（2）客人故意把服务员支开，然后偷跑，如在小卖亭消费时。

（3）客人正常消费，而前台员工所开的卡是按照会员消费收取的，当然这属于员工的问题，与顾客无关。

2. 避免跑单方法

（1）前台工作人员及时关注顾客消费项目。

（2）服务球童和出发站及时反馈回场信息。

（3）前台工作人员与球童紧密配合，球童收到结账单后再返还客人球包，送客人离开会所。

3. 跑单事件处理

（1）财务部根据每日审核，发现跑单情况，下发"处理调查报告表"

至部门负责人，跑单人或部门经确认无误后，填写调查报告表，上交财务部。

（2）财务部接到部门跑单调查报告后，认为不能追回"跑单"款时按照跑单责任和赔偿标准进行处理，写出处理报告报财务总监和总经理批准后执行。

（3）在次日12：00前未接到跑单人或部门调查报告表，一律按照消费款项的100%由责任人全额赔偿，不能分清直接责任人的，由部门共同承担。

（4）如若跑单人或部门能追回此跑单款项时，由财务部暂做挂账处理，应收外账员配合催收，确实无法收回的按照跑单处理由责任人进行赔偿。

（5）经过财务部查核属于会所员工营私舞弊等其他人为制造跑单的，由责任人全额赔偿并进行公开除名，构成犯罪的移交司法部门进行处理。

4. 材料整理

将事情经过及处理结果记录整理好，并存档，以备日后检查。

【注意事项】

（1）发现顾客有跑单现象时，应礼貌地将情况向客人说明，要求客人付账，如客人在餐厅用完餐没有结账走了，服务人员要有礼貌地说："对不起，先生，我忘记跟你们结账了。"这样说让客人情面上过得去，即使客人想逃账也不好意思；如果客人已经走到吧台旁，可以礼貌地告诉客人，吧台在那边，并指示相应的方向。

（2）在人较多时，把客人叫到一边，说明情况，要礼貌，要顾及客人的面子，切不可大声吵嚷，以免引起顾客反感。

（3）如果是由于服务人员的疏忽导致顾客不能及时结账，要向顾客表示歉意，并尽快解决。有特殊情况不能解决的要尽快汇报给上级领导，不得私自做主。

【相关知识】

跑单的原因及危害

1. 跑单的原因
（1）客人忘结账了，服务员也忙得没注意到，最后才知道。
（2）有一些人是故意把服务员支开，然后偷跑。
（3）在一些高尔夫会所中有些跑单现象是服务人员导致的，他们按照会员的身份为非会员结账，而多收的费用则由服务人员赚取。
2. 跑单的危害
（1）跑单后服务员是失职的，应由服务员按照原价买单。
（2）顾客恶意逃单属于诚信缺失的行为，败坏社会风气。
（3）相关工作人员造成跑单现象，将受到严厉的惩罚。

【经典案例】

客人跑单了

一客人入住××高尔夫俱乐部客房后，前台人员按照会所的基本规定收取客人房费两倍的押金（含房费）。客人入住第2天要求续住，前台人员按照工作程序要求客人续交押金（房费）。客人要求服务人员先将房间延期，再付押金。此时前台一工作人员按照顾客要求将房间延期后继续其他的工作，而后客人将房间的有偿消费品使用后跑单了。由于客人入住时交的押金付了2天房费已经不够再付多余的消费，多产生的费用应该如何解决？客房部经理是这样处理的：要求产生的跑单费用由前台责任人赔付。其中，给顾客将客房延期的工作人员小李18:00下班，同班的工作人员小王 20:00 下班，20:00 来接班的工作人员小张次日 8:00 下班，8:00 来接班的工作人员是小宋。顾客在次日 8:00 后被发现跑单。

此次跑单的责任人是谁？客房部经理这样的处理对吗？有没有更好的处理方式？

1. 案例分析

（1）该案例中涉及的前台服务员比较多，首先将客房延期的服务员没有按照规定履行相应的职责，而其他服务员在交接班过程中也没有注意到这一疏忽，所以出现了最后分不清谁是责任人的情况。

（2）这种情况可以请楼层服务员帮顾客开门，请顾客交了押金后再将房间延期，但是要礼貌地与顾客沟通，既不得罪顾客又可以避免跑单。

2. 实战演练

全班学生分组，每组模拟一项客户跑单、服务人员处理的过程，并展示给大家。

【作业与思考】

1. 处理跑单事件的原则是什么？
2. 如何避免高尔夫会所跑单事件的发生？
3. 请结合实际，谈谈跑单对高尔夫会所的危害。

项目二　客人物品丢失应急处理

能力目标

1. 能够在客人物品丢失时及时帮助找出丢失物品。
2. 能够合理处理客人物品丢失事件。

知识目标

1. 了解客人物品丢失应急处理预案。
2. 了解客人物品丢失应急处理程序。
3. 掌握客人物品丢失应急处理办法。

素质目标

1. 发现客人物品丢失时,能够平心静气地分析问题。
2. 服务顾客的主动意识、责任感。
3. 提高防盗意识。

在顾客物品发生丢失情况时,如何处理是摆在各高尔夫会所工作人员面前的一大问题,如果处理得好,将会提高顾客对会所的满意度,处理不好将直接影响会所的形象。

【工作引入】

某高尔夫会所客房部,3107房客人退房后离开俱乐部,服务员查退房时也未发现该房有遗留物,但客人退房不久便打电话到前台反映,她有一对名贵的耳钉遗留在房间。接到客人的电话,前台立即通知客房部员工到房间仔细查找,客房部主管和服务员在房间彻底查找一遍后仍未找到,但客人执意坚持说她的耳钉确实是落在了房间内。

如果你是客房部主管,你将如何处理这件事情。

【任务分析】

当顾客退房后工作人员要对房间进行彻底的检查,如发现顾客遗落的物品能联系到顾客的要主动联系,不能联系的要告知前台给予妥善保存。当顾客发现有遗落的小件物品时一定要帮助其进行查找。

【操作步骤与标准】

当会所出现有顾客丢失财物的情况时，工作人员要及时处理，将会所及顾客的损失降到最低。可从以下几方面入手进行处理：

1. 接受客人报失

（1）及时准确记录报失时间及情况。
（2）准确记录顾客丢失物品的性状特征，以便查找。

2. 立即上报

第一时间向上级汇报，并做好登记。

3. 了解情况做好记录

（1）与顾客沟通，了解物品丢失情况，并做好记录。
（2）请顾客详细描述丢失物品的性状，记录要详细具体。

4. 查访和帮助寻找

要求有两名以上的工作人员一同帮助顾客寻找丢失物品。

5. 征询是否报案

保护好现场，征询顾客和领导的意见是否报案。

6. 材料整理

将事情经过与结果记录并存档。

【注意事项】

（1）客人有时会报错案，要注意分析、辨别。
（2）如果客人物品确实被盗，在报公安部门之前，必须征得会所相关部门同意，并请保安部负责保护好现场。如果是小件物品可以帮助寻找。

(3) 如果被盗财物涉及会所员工，在未掌握确凿事实之前，管理人员不可轻易下结论。

(4) 未经领导同意，不可擅自报案，或给顾客任何承诺。

【相关知识】

客人丢失财物的处理

1. 保安部接到报案

(1) 携带好纸、笔、照相机、手电、手套等所需用具。

(2) 认真听取失主对丢失财物过程各个细节的说明，详细询问丢失物品的特征。

(3) 通知有关部门、岗位的领导并留下与丢失案有关的人员。

(4) 客人明确要求向公安机关报案或丢失财物数额价值较大时，保安部要立即报告公安机关，同时保护好现场，即在公安人员到来之前，现场不许任何人进出，不许移动、拿走或放入任何物品。发生在公共场所要划出保护区域进行控制。

2. 迅速赶赴现场

(1) 到达现场后，首先查看现场是否遭到破坏，如现场完好，立即进行拍照。

(2) 认真听取失主对现场情况的陈述，查看失主物品被翻动的情况，注意现场有无犯罪分子遗留或抛弃的物品，以及可能留下指纹的纸张、杯子、皮夹等。

(3) 如需提取客人物品做鉴定，必须征得客人同意。

3. 做好访问笔录

(1) 首先查验失主身份是否与持照人一致。

(2) 详细记录情况

● 失主的姓名、年龄、性别、国籍、职务、来访目的，来店、离店日期和具体时间，去向等。

- 丢失物品的准确时间，最后见到所失物品的时间。
- 丢失物品的准确地点、位置。
- 丢失物品的名称、种类、型号、数量、特征、新旧程度、特殊标记、有无上保险等。
- 丢失前是否有人来过房间。诸如亲朋探望、打扫房间、工程维修、洗、送衣物等情况。失主有无怀疑的具体对象、怀疑的根据等。
- 失主有何要求。例如开据丢失证明或要求酒店赔偿。

4. 对现场进行仔细检查

对床上床下、衣柜里外、床头柜、酒柜、电视柜里外、沙发、窗帘、浴室、浴室顶棚、冰箱等处都要查到。委婉地征得客人同意后对其箱、包、行李进行查找。楼道里的服务车和有关部位也要检查。

5. 进行调查和处理

（1）对案件涉及人员进行谈话，调查了解案发时的情况。
- 接触现场的所有人员，谁先进入、谁先离开等情况。
- 接触现场的时间、工作程序、所处的位置、现场状态的回忆等情况。

（2）对物品丢失时的当班服务员，逐一谈话，如已下班，立即将其从家中找回；涉及两人以上的要分别谈话并注意保密以防串供或订攻守同盟。

（3）通过调查排出的重点嫌疑人员，要尽快取证，做到情节清楚准确无误。

（4）调查处理时，要摆事实、讲道理、得证据、严格注意政策。

（5）拿出处理意见，经领导批准后执行。

【经典案例】

失而复得的电脑

××高尔夫会所，王总、刘总、陈总、李总一行4位下场回来后付完钱离开了。

4个人边走边聊，"今天的天气真好，球场也好，球打得也高兴，哈哈"，王总抑制不住高兴的心情。

"真是过瘾，特别是三号洞，王总，您那最后的一推，简直太完美了"同行的刘总说道。

"是啊，是啊，今天打得真好，以后还要多创造这样的机会哦，谁也不许说自己忙啊！"李总忙着约下一次的时间……

"哎呀，我把电脑落在电瓶车上了"一直沉默的陈总突然说道。

"那快回去取啊"

"我给前台打电话"

……

当王总一行回到会所的时候，发现电脑还好好的躺在刚刚下场时开的电瓶车上，几个人长长地出了一口气，"还好还好……"陈总悬着的心放下来了。

一个球童从出发站内走了出来，"几位老总，终于回来了，给你们打电话一直也没打通，这不，怕你们找不到电脑，都没敢从车上拿下来，我就一直在这等着几位了。"

"太谢谢你了啊。"陈总感激地看着球童，"你不知道啊，我一会儿要去开个会，公司下一期的活动方案和需要安排的事情都存在这里面。"陈总从兜里掏出一把钞票，往球童手里塞。

"谢谢您，陈总，这是我们应该做的，而且做这项工作是免费的哦。"球童开着玩笑把陈总拿钱的手推了回去。

"哈哈，你的素质太高了，回头我要到你们会所表扬你哦。"陈总发出了爽朗的笑声。

"谢谢陈总，这都是我们应该做的，我们会所的每一个员工都会这样做的。"

球童微笑着送走了几位老总，回到了休息室，等待着下面的工作。

1. 案例分析

（1）本案例中的球童并没有因为联系不上失主而放弃对物品的管理，

相反，还照看着物品等待着顾客前来寻找，体现出球童的主动服务意识。

（2）在顾客找到丢失物品，对球童表示感激时被球童婉言谢绝，体现出该会所井然有序的管理水平。

2. 实战演练

学生分组进行顾客物品丢失后的应急处理，在班级中总结出好的处理办法。

【作业与思考】

1.简述顾客财物丢失情况的处理办法。

2.结合实际，简述在服务中，怎样避免顾客带走会所财物又不伤害客人的自尊。

项目三　餐厅突发事件处理

能力目标

1. 能够处理餐厅突发事件。
2. 能够正确使用应急电话。

知识目标

1. 了解餐厅突发事件处理程序。
2. 掌握餐厅突发事件处理办法。

素质目标

1. 在突发事件处理中，锻炼灵活性。
2. 在对顾客服务中，培养主动服务意识。

餐厅一直被誉为是高尔夫球场的"第 19 洞"，餐厅菜品也是高尔夫会所吸引顾客的产品之一，同时，餐厅员工的服务质量也影响着顾客对会所的评价。

【工作引入】

小王是某高尔夫会所餐厅的服务员，工作以来一直兢兢业业，严格按照餐厅的要求做相应的服务工作。这一天常来会所打球的孙总打完球后来到餐厅。

"欢迎光临，孙总，今天打得不错哦，看您那开心的样子就高兴。今天吃什么？还是老样子？"因为孙总经常来，所以小王也开始与他熟悉到可以开个玩笑的程度了。

"呵呵，小王，越来越漂亮了哦。今天吃点不一样的吧。你们有什么好吃的啊？"孙总笑着说道。

"太好了，我们新上了个×××，应该和您的胃口。您试试？"

"好的，就相信你的眼光吧，试试就试试。"

……

菜品上桌后，孙总开始细细品味，可是……"小王啊，你过来一下，这个也是你们新菜的特色吧？"孙总用筷子夹着个什么东西，笑着看着小王。

"呃……"

请问，如果你是服务员小王，你会如何处理？

【任务分析】

在餐厅中，食品的质量、卫生最为重要，当顾客在用餐过程中发现有异物时服务人员的反应将直接影响客户对会所的印象，处理得好将留住一位忠诚顾客，处理不好会所失去的将不只是一位顾客。

【操作步骤与标准】

在餐厅服务工作中会遇到各种各样的突发状况，如何处理这些突发状况，既考验工作人员的应变能力，又是对高尔夫会所员工整体素质的考验。本章列举了一些突发情况及处理步骤如下：

一、客人突然发病

1. 了解情况

发现客人有不适的症状要多留意观察，出现状况及时赶到现场。

2. 迅速上报

发现症状要迅速向上级汇报。

3. 及时送医

及时拨打"120"，必要时陪同客人前往医院救治。

4. 解决问题

帮助照顾不适顾客，但不能私自用药。

5. 记录并备案

记录事情发生的时间、地点及处理方法。

二、在服务中把汤水洒到宾客身上

（1）先把手里的菜放在服务桌上，要沉着冷静，切记手忙脚乱。
（2）向宾客表示歉意，安抚客人，稳定客人情绪。
（3）用干净的毛巾，轻轻为客人擦拭。
（4）事态严重的如果客人不接受道歉，要及时向上级汇报，得到最佳解决方案。

三、在操作过程中，把客人的菜打翻

（1）真诚地向客人道歉，态度一定要诚恳，发自内心。

(2) 重新开单，下单迅速准确。
(3) 上菜前再向客人表示歉意，请客人原谅。
(4) 及时向上级汇报。

【注意事项】

(1) 掌握解决问题的办法和原则。
(2) 及时发现隐患，进行上报。
(3) 处理问题时尽量控制场面，不要打扰餐厅其他用餐客人。
(4) 如客人生病或受伤，可帮助客人请医生或送医院，但不可随意用药。

【相关知识】

其他特殊情况及处理步骤

1. 停电、停水
(1) 及时汇报上级部门。
(2) 联系相关单位，了解停电、停水原因。
停电、停水应及时与有关单位联系，了解停电、停水的原因，例如停电，应与电力部门联系，了解停电区域和什么时候来电。
(3) 寻求解决方法。
2. 局部起火
(1) 遇到厨房内起火，在场人员应用灭火器材进行灭火，如火势较大无法控制，及时拨打119报警。
(2) 遇柴油灶起火，应立即关掉油阀，并用灭火器灭火。
(3) 遇到餐厅内起火，应视起火位置、起火原因解决。如推车煤气起小火，应及时关闭煤气阀并推离客人身边，及时扑灭。如电路起火立即由电工关掉电源并及时疏散顾客，同时组织灭火。如火势较大无法扑灭，马上拨打119报警。

(4) 如局部小火灾,应在事后及时(24小时内)上报会所上级部门。如火灾较严重,必须当时电话上报会所上级部门,事后将事件经过书面上报。

3. 大面积殆工

(1) 组织其他员工加班,顶替殆工员工的工作。

(2) 及时向上级部门汇报,从其他部门抽调人手补充。

(3) 主动了解殆工原因。

(4) 寻求解决办法。

(5) 如自己解决有困难,及时与上级领导联系,以求帮助。

4. 斗殴事件

(1) 如果是会所内部员工发生打架斗殴事件,要及时制止,针对事件原因和责任人送有关部门处理,同时上报上级部门。

(2) 如果是在餐厅内顾客之间发生斗殴事件,应视情况疏导其他顾客,将顾客引导到其他区域消费。如因当时情况特殊,造成顾客未买单,由店经理负责处理并申报。

(3) 及时拨打110报警,并保护好现场,交110处理。

(4) 向上级部门报告。

【经典案例】

回避的艺术

一位客人在用餐时不慎毁坏了餐厅的一件名贵装饰品,当餐厅服务人员向他提出赔偿要求时,客人拒不接受,并以自己是餐饮部经理的朋友为由要求服务员请经理到场。

餐厅以前接待过这位客人,知道他经常提出过分的要求。经理有明确的交代,哪怕要求再苛刻,只要合理都应尽量满足,对无理要求则一律婉言拒绝。

餐厅主管："李经理的朋友用餐时不小心把餐厅的东西弄坏了，现在想见他。"

经理："哦，知道了。告诉他，我不在。另外，损坏的东西要让他赔偿。"

餐厅主管："好，谢谢！"

放下电话后，餐厅主管对站在她身旁的客人讲："很抱歉，经理没找到，我们到那边坐下来谈……。"经过一番努力，餐厅主管终于妥善处理解决了这场纠纷。

1. 案例分析

（1）本案例中这位主管的确有很丰富的经验。她很清楚，这种情况下叫经理到场并无必要，相反，倒是等于给他出了一道难题。面对被自己的朋友损坏的饭店设备，经理应回避为好。

（2）眼下的事情又应及时通报给经理，以了解他对此事的处理意见。

（3）客人就在面前，不具备单独与经理通话的条件，又不可能要客人离开，因此，与经理的对话全部使用的是第三人称"他"，而不是第二人称"你"或"您"。这样身边的人会感到与她通话的不是经理，可能是秘书或其他什么人。

2. 实战演练

学生讲述在餐厅中可能发生的特殊情况，由大家给出处理意见，并尝试模拟现场处理过程，总结最佳解决办法。

【作业与思考】

1. 当客人中有位先生饮酒过量，却还要添加酒水时应该如何处理？
2. 如何处理客人在用餐时损坏了餐具的情况。
3. 如何处理客人存心找碴儿的问题。
4. 如果客人在进餐中提出退菜，应如何处理？

附 录

高尔夫会所服务管理类专业术语

俱乐部	club
董事长	chairman of the board
董事	director
总经理	general manager
副总经理	vice general manager
办公室主任	head of the administration office
俱乐部经理	club manager
部门经理	department manager
秘书	secretary
翻译	translator/interpreter
主管	director
领班	foreman
服务员	attendant
接待员	receptionist
出发员	Starter
巡场	Marshal
主管	Master
高尔夫会所经理	Golf club manager
教练	coach
球童	caddy
巡场员	marshal
清洁员	cleaner
保安员	security guard
业余球员	amateur golfer
会所	Clubhouse
办公室	office
大堂	lobby

俱乐部总台	reception desk
总机	main switch board
出发台	Caddy Master
更衣房	changing room
咖啡厅	coffee shop
前台	front desk
练习场	driving range
球具店	pro-shop
冲凉房	bathroom
保安部	security department
客房部	Room Service
球具店	Golf Pro-shop
游泳池	swimming pool
停车场	parking lot
总机室	telephone switch
小卖店	store
中餐厅	Chinese food restaurant
西餐厅	Western food restaurant
职业球员	professional golfer
预订（预约）	reserve（reservation）
取消	chancel
服务	service
登记	register Check-in
押金	advance payment
结账	check-out
逃单	skipper
填写登记表	fill in this form
划卡	print card
现金	cash
账单	guest folio
收据	receipt

确认	confirm
果岭券	green ticket
果岭费	green fee
会员	member
平日会员	weekday member
嘉宾	guest
访客	visitor
会员卡	member card
身份证	ID Card
信用卡	credit Card

主要参考文献

[1] 吴克祥,袁铁坚. 高尔夫球会管理. 天津:南开大学出版社,2009.

[2] 黄丽坚. 高尔夫俱乐部会所经营与管理. 广州:暨南大学出版社,2010.

[3] 马宗仁. 现代高尔夫科学经营管理学. 天津:天津科学技术出版社,2008.

[4] 时永春. 前厅服务技能与实训. 北京:清华大学出版社,2012.

[5] 赵志强. 秘书理论与实务. 北京:北京大学出版社、中国农业大学出版社,2008.

[6] 孙金霞. 现代企业经营管理——理论、实务、案例、实训. 北京:高等教育出版社,2010.

[7] 韩伟,陈冬梅. 现代企业经营管理. 北京:化学工业出版社,2012.

主要参考网站

1. 唐高网（http://www.golf998.com）
2. 中国高尔夫球协会（http://www.golf.org.cn/）
3. 高尔夫人人网（http://www.golfrenren.com/）
4. 中国高尔夫网（http://www.21golf.com/course/）
5. 新浪高尔夫网（http://golf.sina.com.cn/）
6. http://www.randa.org/
7. 中国旅游网（http://www.cnta.com.cn）
8. 中华旅游网（http://www.ctn.com.cn）